复旦文史讲堂之一

着壁成绘

复旦大学文史研究院
中华书局编辑部
编

图书在版编目(CIP)数据

着壁成绘/复旦大学文史研究院，中华书局编辑部编.
—北京:中华书局,2009.2
(复旦文史讲堂)
ISBN 978-7-101-06429-2

Ⅰ.着… Ⅱ.①复…②中… Ⅲ.文化史—研究—中国
—古代 Ⅳ.K220.3

中国版本图书馆 CIP 数据核字(2008)第 197981 号

书　　名 着壁成绘
编　　者 复旦大学文史研究院
中华书局编辑部
丛 书 名 复旦文史讲堂
责任编辑 李　静
出版发行 中华书局
(北京市丰台区太平桥西里 38 号　100073)
http://www.zhbc.com.cn
E-mail:zhbc@zhbc.com.cn
印　　刷 北京未来科学技术研究所有限责任公司印刷厂
版　　次 2009 年 2 月北京第 1 版
2009 年 2 月北京第 1 次印刷
规　　格 开本/700×1000 毫米　1/16
印张 14　插页 2　字数 200 千字
印　　数 1—5000 册
国际书号 ISBN　978-7-101-06429-2
定　　价 29.00 元

小 序

这是“复旦文史讲堂”的第二辑，收录的是2007年4月至6月在复旦大学文史研究院进行的八次演讲的全记录。

近十来年，大学纷纷举办各种讲座，延请各路学人、作家甚至演艺界明星为大学生献讲，从哲理到历史，从经典到生活，内容无所不包，有的讲座名流云集，盛况空前，颇为轰动，也有的讲座“触电”成了时尚，风靡一时。这让从一开始就决定要设立“复旦文史讲堂”的我们颇费踌躇，究竟“复旦文史讲堂”应该如何定位？怎样使“复旦文史讲堂”既不至于沦为取悦听众的娱乐性表演，又不至于孤芳自赏自高身份而变得无人喝彩？换句话说，我们的这些演讲，能不能既有趣味，又有学术？

有人说，这已是市场化的时代，不迎合消费者的口味就无法“吸引眼球”。也有人说，如今已是世俗化的潮流，专门学问如果死守象牙塔，就会“自废武功”，或者甚至于“自绝于人民”。于是，有时候讲演为了俯就听众会趋向哗众取宠，凸显“故事化”和“趣味化”。

但是，复旦大学文史研究院毕竟是研究专门学问的机构，尽管也曾担心听众冷落，但我们的讲座，仍然以“提升学术水准，开拓研究视野，提供前沿信息”为宗旨，因此始终坚持延请高水平的专业学者，让他们自己选择演讲题目和内容，甚至演讲语言不拘中文英文。这使得有的演讲话题显得略为陌生，比如关于江文也；有的演讲内容可能比较专门，比如关于古代的“凌迟”；也有的领域相当专门，比如关于域外汉籍的研究方法；也有的题目比较具体，比如关于晚清的《尚友录》。但是令人欣慰的是，我们的听众始终都怀着学术提升和视野拓展的热情，我们的讲者又总是能深入浅出地把复杂的学术问题讲得清新明白，这使得“复旦文史讲堂”几乎场场爆满，气氛热烈。

“在泉为珠，着壁成绘”，是唐人殷璠对王维诗歌的评说，前一句说的是他的诗歌音节清亮，后一句说的是他的诗歌形象如画。尽管不在场的读者不能像在场的听众那样，从有声的演讲中聆听“在泉为珠”，直接感受到学术智慧，但是，我们把所有当场的话语都一一记录下来，成为无声的文本呈现给读者，或许可以“着壁成绘”，从听觉变视觉，给大家展示一个多彩的学术世界。

葛兆光

2008年8月

目　录

西汉美学与赋体的起源

主讲人：柯马丁（Martin Kern）
主持人：汪涌豪

柯马丁

普林斯顿大学东亚研究系中国文学教授，对汉代郊祀歌、秦代石刻、《诗经》、汉赋等有专门的研究。著有《古代中国的文本与礼仪》、《秦始皇的石刻铭文：早期中华帝国表现的文本和礼仪》、《郊祀歌：汉魏六朝政治表现中的文学与礼仪》、《中国文学中的桂树母题：自然意象"桂"的修辞功能与诗学价值》等四种。

汪涌豪　复旦大学中文系教授，研究领域主要为中国古代文学，兼及古代哲学与史学。

汪涌豪：

今天下午是柯马丁先生的讲演。此前他已经在中文系讲过了，但是可能有的同学是第一次来，我还是简单地把柯马丁先生的情况跟大家介绍一下。

柯马丁先生是美国普林斯顿大学东亚研究系的教授，他最初是在德国学的汉学，1987 至 1988 年在北京大学进修，然后任教于哥伦比亚大学，现在是普林斯顿大学教授。

他最初是研究中国诗歌的，现在的兴趣就很广泛了，上古、中古的文学、文献、历史、宗教、艺术等都研究。他的硕士论文是关于中国文学里面的桂树母题的，博士论文是《郊祀歌：汉魏六朝政治表现中的文学与礼仪》。现在柯马丁教授正在做的是宇文所安主编的《剑桥中国文学史》里面的先秦两汉部分。另外，他的中文论文集《早期中国的书写诗歌和文化记忆》马上要由三联书店出版，所以我们期待早一点看到他的著作。

柯马丁先生是一个十足的汉学家、汉学权威。今天，他给我们讲的是《西汉美学与赋体的起源》这样一个题目。关于赋，我觉得蛮有意思的。中国有个学者叫曹聚仁曾经说，赋是一个中间性的文体，一头挂靠着诗歌，另一头又和散文有关系。对于赋的研究，在中国和全球范围内都兴起得很早，1927年，中国的陈去病就作了辞赋学的纲要；在日本，1942年的时候，铃木虎雄就作了赋史的大要。到了中国改革开放以后，从1991年开始，大陆的学界联合海外包括台湾、香港和美国，召开过四次赋学的研究会，1991年是在山东，1992年在香港，然后是台北、南京。包括一些海外的学者，如和柯马丁先生有渊源关系的康达维先生也来参加过。他的早期论文，1988年写的《论赋体的源流》就发表在中国的刊物上。康达维先生和我的导师顾易生先生有很密切的学术交流。我自己在八九十年代的时候也写过关于辞赋的文章。1900年开始，在敦煌的石窟里面，人们发现了五万多件文书，其中有二十多个写卷上有赋，本来以为赋是文人的作品，其实赋体或起源于民间也未可知。

今天我们有幸请到柯马丁教授给我们讲赋体的起源，就本人来说，和在座的同学一样，对这个问题本来就有许多疑问，就这个机会我们请柯马丁教授来解释这些疑问。柯马丁先生刚才说了，他的报告大概需要一个小时，接下去的时间可以开放给学生提问。我们和柯马丁教授有一个交流，可以获取更多的信息，得到更多的教益。现在我们就热烈欢迎柯马丁教授演讲。

柯马丁：

非常感谢汪教授，我今天到这儿来觉得非常荣幸，我知道复旦文史讲堂刚刚开讲不久，我觉得在这儿对我来说是个非常好的机会。很高兴。谢谢你们！

今天的演讲内容是原来写的一篇文章，就是在《哈佛亚洲研究学刊》2003年发表的，文章比较长，中文是四万多字，我今天讲得比较简单，整个文章明年在三联出版。首先讲我经常要用的三个词汇，我想把这三个词汇弄清楚，通过对这些词汇的理解你们就会知道我的意思。第一个是“修辞”，我用“修辞”来翻译西方的 rhetoric。一般来说，中国的修辞与西方的 rhetoric 是两回事，但另外也没有比较好的中文词汇。我想解释我用修辞的意思是什么，有两个因素，就是在早期西方的对应 rhetoric 的这个概念。一个是使语言变得漂亮，具有一种审美的装饰，还有一个可能更重要，而且从一开始就已经有的，就是给语言加上一种特别的说服力，使语言有一定的效果，这个也是 rhetoric，这可能是最重要的，第二个部分是加上力量的，是目的；加上装饰的，是一种工具。我们今天要用的修辞是强调有说服力。第二个词，英语 representation，有好几个意思，我用中文的“再现”来说明。比如说一个文本，不仅是描写一个情况，而且在语言层面重新构成对这个情况的体会，发给你们的资料中第 10 条枚乘的《七发》是一个很好的例子。他描写大水，这个语言的声音也模仿，看这个水，听这个水的声音，这种体验，就是再现，在语言方面重新构成 experience。第三个是 self-reference，“自我指涉”，这个概念我经常用，这篇文章也要用，意思是一个文本不仅仅是知道什么内容、什么题目等等，而且也知道它自己的存在和形式。可以说，所有的文学作品都有这样的意思，不仅是一种客观的描写，而且因为同时是文学的，也能感觉到是一种语言方面的艺术品，所以 self-reference 这个词我经常用。

汉赋就是像汪教授刚才说的，是汉代的“大文体”，也是汉代的“大问题”，尤其是西汉大赋的名声，从扬雄的批评开始一直到 20 世纪八九十年代，有一些问题，就是西汉的赋往往被看作是过分华丽、缺乏真诚的内容和感情的表达。非常典型的一个例子，就是枚皋这个人，他的赋我们没有，但在《汉书・艺文志》中能看到他的赋最多，120 篇，还有一些有道德方面的问题。汉武帝出行，在各种各样的情况下，枚皋就在汉武帝的旁边，即兴创作一些赋，提供娱乐。

资料第 1、2、3 条，就是扬雄对赋的一些批评。比如说第 1 条，在《扬雄传》，第二行的中心，“相如上《大人赋》，欲以风（讽刺），帝反缥缥有凌云之志。繇是言之，赋劝而不止，明矣。又颇似俳优淳于髡、优孟之徒，非法度所存”；或者看第 2 条《艺文志》，“诗人之赋（赋比兴的赋）丽以则，辞人之赋（汉代的赋）丽以淫”；第 3 条，《法言》第二卷《吾子》，有人问：“赋可以讽乎?”曰:“讽乎! 讽则已,不已,吾恐不免于劝也。”有人问:“景差、唐勒、宋玉、枚乘之赋也,益乎?”扬雄非常激动,曰:“必也,淫。”这是扬雄晚年对赋的观念,他年轻时也写了大赋。

那么最近二十年以来,在大陆、台湾地区和美国等,有很多人谈到赋,汪教授刚刚介绍过这个情况。近二十年以来,对赋文学批评的人,现在更愿意承认赋的一些文学价值,如马积高、龚克昌、姜书阁等都写了很厚的书,如果仔细地看,这些书里面,扬雄的批评还是保留下来,不是完全没有了。我觉得一个很重要的例外就是郭维森和许结的《中国辞赋发展史》,他们的观念与扬雄相差比较远。

我很佩服那些学者,我的学问都是从他们那里来的,同时从康达维那里学“赋”。可是我还是想介绍自己的一个角度。我的意思是,西汉早期和中期的赋,确实有其特殊的美学观念,而且这些美学观念与扬雄后来说的很不一样。如果我们想了解西汉初期和中期到汉武帝时代的赋,我们应该去找一些那时候的文学、美学作品,而且我们应该看一下,这个于西汉末期有非常浓的政治味的古典主义或经典主义,基本上从元帝、成帝开始一直到王莽,这种思想非常浓。这种思想跟西汉初期的文学观念有什么不同,我今天要谈到这一点。我的基本结论是:西汉赋的起源不一定是《楚辞》,我觉得赋和当时对文学的一些观念有关系,而且与《诗经》的观念也有关联,而且与战国末期的游说有关系,就是与“修辞”,有说服力的修辞,关系非常密切。我们知道,西汉末期的经典主义是比较完整的,不仅是扬雄对西汉初、中期的赋的批判,其实不仅限于赋,那个时代的这种批评,可以延续到汉武帝时期的整个朝廷文化,包括文学,就是赋,还有音乐、祭祀活动,就是国家的礼仪活动,还有祭祀方面的诗歌,就是那些郊祀歌。

看资料第4、5、6、7、8、9条,都讲这些问题。比如第4条,在《汉书·礼乐志》里面,可能是西汉末期的人说的,“今(西汉末期的时代)汉郊庙诗歌,未有祖宗之事”,然后“外有上林乐府”,这个“上林乐府”当时还在,但在公元前 7 年就没有了，应该是在公元前 7 年之前，“皆以郑声施与朝廷”，这意思大家都知道。第 5 条，这是成帝时匡衡批评郊祀制度，他先告诉我们有各种各样的漂亮的东西，然后说，这些现象“不能得其象于古”，这些都是与古典的方式不同，就是我所称的古典主义或是经典主义。最后他的结论是，“宜皆勿修”。第 6 条，又是礼乐制，讲“太一后土”的祭祀情况，然后说到音乐，“以李延年为协律都尉，多举司马相如等数十人造为诗赋”。然后看第 7、8 条，就是那些郊祀歌，描写那个祠坛的形式，然后匡衡反对说，我们不应该继续用这样的歌作祭祀，他推荐一些新的语言，就是他的经典主义，模仿《诗经》的雅、颂。我们应该看得清楚，这些都是连在一起的，不仅是赋本身受到这样的批评。

而且我们能看到对司马相如作这样的批评，一方面跟赋有关系，一方面跟郊祀歌有关系，因为郊祀歌也是汉武帝的乐府里面作的，所以把司马相如跟乐府的淫声、郑声等联系起来。实际上，如果比较冷静地看历史的话，这个资料好像有问题。汉武帝的祭祀改革，成立“太一后土”的一些祠坛，是公元前 114、前 113 年，《汉书》有好几个地方说，那时候的新音乐被采用，而司马相如是在公元前 117 年去世的，这有一个小问题。看第 9 条，郊祀歌的一首，一看语言就能看出来，这个词汇确实跟司马相如写赋的词汇是一致的，有好几个词在他的赋里也有，而在别的地方没有，我们把司马相如跟郊祀歌连在一起，这个说法可能不对，可是也不是没有道理的，确实有这样的一种情况。我们一看这个歌就知道，这不是《诗经》的雅、颂的形式，这很明显。

我们再一次考虑扬雄的批评。看第 1 条，扬雄的意思是，司马相如原来就是想讽刺、批评汉武帝，可是他的语言太漂亮，所以汉武帝听他的赋，没办法意识到真正的内容，被赋的修辞装饰给迷惑了，结果这个赋的效果正好与司马相如想要的效果相反，这是扬雄说的。我觉得扬雄把司马相如的意思搞错了。扬雄认为用这样的笔法来讽刺皇帝，不仅仅没有效果甚至会达到正好相反的结果。西汉时代，这种愉悦感，就是汉武帝听司马相如的赋所感到的愉悦，不仅在词面上，而且在诵读和表演过程中。看《汉书·艺文志》对汉赋定义："不歌而诵谓之赋"，这句话的意思，是说它与表演和诵读有关系。西汉时所理解的赋的核心要素：是某种诗歌形式，同时也是一门文本表演的特殊艺术。故就其本身而言，大赋定义的要素如下：对话的背景设定；模仿式再现一场实际的辩论；骈散交错的笔法使语言生动、摇曳生姿，从头到尾一气铺排，务必穷极草木、鸟兽、物产之名，还有大量僻词、夸饰、换韵，以及双声叠韵的重叠连绵词。这些结构特征主要加强的是作品的听觉效果，形成一种可感可触，由面及里，焕发着感官的辉煌。

司马相如的《天子游猎赋》是从"子虚"、"乌有先生"和"无是公"之间的对话而来的，刻意营造这场争论的舞台性，就是给三个人这样的名字，就是一种 fictionalizing，这在《庄子》里面也有。同样的，枚乘《七发》的结构形式，是一位楚太子与一位吴客之间的对话。一开头便是关于楚太子因久耽安乐而神形欠佳的大段对话，吴客提出太子的病用药石、针灸不能奏效，应该用"要言妙道"。在太子同意之后，那个吴客列举了七种"发"，前五种是关于王侯生涯的人间愉悦，铺叙宴乐、嘉会、车驾、胜游、郊猎之盛，这种宏巨富丽的文学风格在第六发，就是对观潮的令人眩目的描绘时达到顶峰，在多维视野的大约八十行诗句里，文本本身如洪流湍急，用双声叠韵的重叠连绵词。请看第 10 条那段文字，"纯驰浩蜺，前后骆绎。颙颙卬卬，椐椐强强，莘莘将将。壁垒重坚，沓杂似军行。訇隐匈磕，轧盘涌裔，原不可当"。在这段对怒潮的描写中，各类"发"的语言艺术达到极致，然而它仍然未能提太子于病榻，太子每听一发就想起来，但还是没能起来，只有最后，也是最简略的一发，才奇迹般地令太子"霍然病已"。令人窒息的漩涡般的词句在这里戛然而止，确切地说，是整个描绘模式都不见了，行文变得节制而冷静。请看第 11 条，客曰："将为太子奏方术之士有资略者，若庄周、魏牟、杨朱、墨翟、便蜎、詹何之伦。使之论天下之精微，理万物之是非。孔老览观，孟子持筹而筭之，万不失一。此亦天下要言妙道也，太子岂欲闻之乎?”实际上他没有说各种各样的“要言妙道”,他就是提到有“要言妙道”,于是太子据几而起曰:“涣乎若一听圣人辩士之言。”涊然汗出,霍然病已。很可能枚乘也意识到了,文字实际上有巫术方面的治疗功效。我们现在看一些战国和西汉的出土文献,西方有人专门学习这些,语言好像有这样的用法,就是在治病方面。可是我觉得枚乘的《七发》不是以这种方式运用语言的,他模仿性地以文学作品的形式再现文字巫术,同时因其文学设定,这种再现性也是显而易见的。

我很难想象枚乘的作品实际上能治疗任何人,或是赋予巫咒的目的,相反,其主要目的必然是将美学快感和道德劝诫通过修辞融为一体。类似的还有《汉书·王褒传》,里面有一段文字被广泛征引为赋具有治疗的巫咒效果的例子,我也觉得不一定对。这段文本讲的是,当一个太子为某种未知的身体和精神的不适所困扰的时候,皇帝命令王褒等人给太子一种娱乐,于是太子诵读奇文和他们的作品来娱乐,过些时候,太子病复,并命令后宫贵人左右为他诵读王褒之作。这也不是以语言治病,原文提到的是,欢愉是让身体不适的病人提起精神的健康活动,而不一定是某种巫术。

为了更好地了解西汉的赋,我们需要对早期汉语修辞学的复杂性作更深入的探讨。自战国的游士时代以来,文字可触摸的感官性和动人之美就成为一种有力的修辞元素,也因此被视为虚言伪说,备受鄙夷。《论语》中孔子把利口辩士带来的危险与郑声引发的后果相类比,即可为证。与典正的古乐相对的郑声,被认为能以错巧挑逗的旋律,使听者逾越规矩,造成社会动乱。以《论语》为代表,中国早期传统对修辞抱有深深的怀疑,漂亮动人的语言被看作是弄人君、愚执掌的利器,因此要为战国时代的政治混乱负相当的责任。汉代文献断然地将“巧”与“信”相对,“巧不可信”,此外,更将与汉赋有极大关系的南方楚地修辞传统引为例证。孔子在《论语》里完全认识到,是什么使得令人兴奋的音乐、语言变得如此动人、如此危险,它们都具有提供审美愉悦、激发强烈情感的巨大能量,也有祸乱与掌控人的潜能,所以道德的目的很容易在言辞艺术中沉没,这就是扬雄对汉赋的批评,和《论语》里的批评是一样的。在古代西方,修辞传统、语言也是这样讨论的。比如说贺拉斯在《诗艺》中说,诗人的目的或是益人,或是愉人,或是写出既可愉悦又可鄙夷人的言辞。这样的娱乐和道德教训的融合,就是扬雄所否定的。当然,经学家所反对的恰恰是人们普遍享受的。《战国策》精彩地表达出对修辞术的否弃,尽管这部西汉晚期刘向编集的大作本身正是早期操纵性语言的宝库。在一段几乎肯定是虚构的记载里,著名的苏秦试图说服秦惠王用兵力制服反秦的"合纵",他说修辞的语言越强,兵力和政策的力量就越弱。请看第12条,"今之嗣主,忽于至道,皆惛于教,乱于治,迷于信,惑于语,沉于辩,溺于辞",他用非常漂亮的语言来说明,你不要听漂亮的语言。这样华丽的言辞,本身再现他提到的内容,本身可触摸现实,它融入了现实世界,而非仅仅描绘那个世界。苏秦的语言表演是一种自觉的美学作品,正是随之向"再现"的一转,文学理论和实践能够联系起来,并且审美形式才开始成为人们追求的目的,而且诗歌的模糊性不再被避免,而是被构成,这样的语言特色也是西汉大赋的一个特征。

对汉赋的评价最困难的地方就在像苏秦那样造作的模糊性,一方面想提供娱乐,同时用娱乐的表达来超越娱乐,离开娱乐,这是汉赋常见的技术,也可以说是汉赋的修辞核心。比如说枚乘的《七发》、司马相如《天子游猎赋》都是。司马相如的作品模拟并表演性地再现了欢乐场景,一开始所描述的奇观被置换为精湛修辞的奇观,这是一种艺术语言的自我再现、自我指涉,它在语言层面上复制了皇帝世界感官可触的奇迹,这一部分既是作品的核心,也是这个赋最长的段落,随即陡然终止,转为用朴素的语言来表达道德教训。枚乘的《七发》也一样,一开始有特别长的让你糊涂的语言,然后突然停止,变成另外一个东西。为全面了解这样的赋,我们需要了解这种转变的实质,从对器官和欢愉的模拟再现转为对修辞的道德反省,最终离开欢愉。像《七发》那样,文本的末尾部分不仅否弃了对愉悦的描述，并且也否弃了把这种欢愉作为纯粹审美的对象描写、再创造出来的感官性的语言。在《天子游猎赋》中，天子在结束了一场搜罗天地的大屠杀之后，陷溺于郑卫之声，沉迷于色欲之欢，看第13条，于是酒中乐酣，天子芒然而思，似若有亡，曰："嗟乎，此大奢侈！朕以览听余闲，无事弃日，顺天道以杀伐，时休息于此，恐后世靡丽，遂往而不返，非所以为继嗣创业垂统也。"突然就变成这样一个人，于是天子自我克制以及吾思为民，叙事继续按照经典的贤君典范形象描述天子，即使出猎也不危害老百姓或大自然，最后又回到《天子游猎赋》一贯的对话体结构，各自代表齐、楚两个国家的乌有先生和子虚的痛悔和他们的诗词，并折服于无是公，就是天子的代表。扬雄认定，司马相如的赋转到了讽刺，就是最后一部分，《史记·司马相如列传》也是这样评论的，就是《天子游猎赋》的最后一部分，然而在对汉赋的总体评论中，扬雄也说，"赋既归之于政，然觉之已过矣"，已经太晚了。换句话说，天子是赋本来呈现的对象，在抵达文本末尾之前已经被过分地铺排描述弄得头晕目眩。但是，这样的评论好像已经丢弃了汉赋的娱乐作用，我觉得太简单了。毫无疑问，《天子游猎赋》更多的是一篇政治颂歌，而不仅仅是讽刺，它赞美天子和他象征的天地万物的山林，然而，通过无穷无尽的列举和排山倒海的音节，赋的修辞语法营造出的是一连串令人眩晕的感官印象，而非某种具体建议的信息。《天子游猎赋》的基本原则是在语言的层面模拟，重现皇家文化的强盛和壮丽，它要再现的是文化繁荣本身。司马相如对帝王荣耀的描述既是自成一体的旷世美学结构，又是他所颂扬的文化荣耀之有机部分，而且西汉的"赋"和"颂"两种文体是非常接近的。

汉代的作者意识到这种修辞方法。比如班固描述汉代的都城长安和洛阳的时候，对于前者的豪奢与后者的克制有序，他的文风也由长安部分的溢美夸张变为洛阳部分的经典简略。我认为，枚乘的《七发》、司马相如的《天子游猎赋》，末尾部分也是一样，正如他们在前面的叙述里模仿性地再现了诸侯和天子宫廷文化的荣耀一样，两篇的结尾都通过一个戏剧化的美学转变，不仅表达而且表演了理性和节制的一面。确实，类似的模式也能在《楚辞·大招》里找到。这三篇作品，僻词和悦耳的连绵词都突然而止，枚乘、司马相如和《大招》的无名作者，在穷尽世间奇观、用尽描绘的语言学方式之后，将君主和他们自己都塑造成了经学的楷模。然而，一篇作品如何将这样不同的两部分连接起来呢？扬雄的答案是否定的，不可能，皇帝听了第一部分之后，已经没有希望了，不明白第二部分的信息。我觉得这样太简单，我们需要考虑到，根据某些流传至今的战国后期和西汉初期的话语，描述欢愉的作品不仅是为了提供欢乐，也是通过对这种欢乐的接受来引导道德。能够说明这种文学阐释最好的证据就是现在两种新出土的文献，它们都对《诗经·关雎》有一些新解释，跟《毛诗》和西汉三家的诠释不一样。在马王堆《五行》篇帛书中，《关雎》这首诗被理解为传达了男性主人公的急切情欲，不过帛书总结这首诗，最终表明的是对性的消耗如何得到控制，而且通过这个过程来引导礼仪。看第18条，同样《孔子诗论》，比马王堆《五行》篇早一百多年，《孔子诗论》大概作于公元前300年左右，请看第17条，其中也认为，“《关雎》以色谕于礼”，这个说法在马王堆《五行》篇也有，说明这个说法一百多年一直存在，不是偶然的，不可能只有这两种文本才有。对“国风”的类似判断见于《荀子》和刘安的《离骚传》，请看第15、16条，它们都可以追溯到《论语·八佾》的这句话，“《关雎》乐而不淫，哀而不伤”。我对这句话的了解是这样的，不是《关雎》本身是乐或淫，是《关雎》对听到《关雎》的人，体验欢乐的感受，但是不会导致淫荡的行为，因此孔子讲的不是《关雎》诗文的本身而是它对听者的影响。扬雄批评司马相如，不是批评这个赋，他批评的是赋的效果。起码从战国后期到西汉初期，这是广为流传的说法，那正是汉赋起源和发展的时代，可是这种诠释是比较复杂、不那么直接的。荀子、刘安和出土文献的作者共同采用了一种两步的解读方式。第一步是，他们承认《关雎》和“国风”等其他诗篇包含的欢愉和欲望之情；第二步，他们认为，尽管这些诗表达并提供欢愉，孔子在《论语》里面也说到，听《关雎》具有非常大的影响，是一种欢愉，他们最终还是要引导听者归于礼仪，就是对上述情感的把握和控制。换句话说，这种阐释将文本的文字意义与它们通过语言在听者身上产生的实际效果区分开来，这种诗的欢愉在听者身上产生的效果。所以《关雎》可能表达了急切的性欲，然而并没有让人放荡，是这个意思。

我想提出，“以色谕于礼”的说法应该也适用于赋，特别是因为“色”除了指性或性欲外，语义还很宽泛，涵盖感官吸引、欲望和广义的欢愉，也包括合法恰当的欢愉。在这种不太具体的意义上，由于《大招》、《七发》、《天子游猎赋》最后部分从泛滥的感官性突然转到节制和道德，它们正是“以色谕于礼”的体现和“自我指涉”的表演。就文本的内在文学层面而言，只有经历过最奢侈的愉悦之后，只有通过这样一个过程，君主才回头彻底转变，显示自己还是有仁有义的圣君。这里赋的真正意义在于表演性的本质，当他在奏呈中赞颂、历数帝国的文化盛况，并把这种盛况用精湛的语言展现在舞台后，它就不仅描述其听众(就是君主)的转变，而且还表演并代替这个转变。所以《天子游猎赋》的最后一章并不是简单的直接讽刺，当赋中所写的天子转变为圣人的时候，这篇文本所奏呈的天子也是一样的，他如今面对的是诗歌里的另一个自身。所以在赋里把天子改成一个圣君，面对着天子也是这样改的，赋好像是一个镜子。所以枚乘和司马相如仍是要致君尧舜，然而他们的劝谏却是通过颂词来表达，正如《荀子》对“国风”的定性那样，他们作品带来的美学愉悦，“盈其欲，而不愆其止”。在满足人欲和道训礼仪两极之间，《荀子》总体来说是提出一种平衡与互动关系的重要哲学文本，《荀子》的“礼论”、“乐论”、“性恶”三章合起来，就是早期中国对人性、礼仪、审美展示进行论述的最具艺术性的哲学理论。我觉得，如果要了解汉赋，《荀子》是非常重要的。按照这种理论，人对快乐的欲望不可否认，同时这样的快乐必须也完全可以通过具有教化力量的礼仪来控制和规范。不仅如此，因为对快乐的欲望是人类生存的基本且不可否认的一面，所以它会带来道德社会解体的危险，但也会滋生出对良好秩序的需求，而实现秩序的手段就是制定规则，就是礼仪。

最终，审美展示，特别是适合君主偏好的精致繁复的展示，其中对快乐的向往包含在礼仪中，那是滋养培植对声、色、气、味的感觉的手段，《荀子》里就很容易找到这样的证据。在这一语境中，不论是《关雎》、《大招》、汉赋，实际上所有诸如《诗经》的文学作品的表演，都受到了礼仪规范的引导，因而能够同时提供快乐与教导。如果说《诗经》中的"雅"、"颂"体现并展示已经有的礼乐秩序，那么"国风"，特别是《关雎》这样的诗，则拥有引导读者达到这一秩序的教化力量。所以我的结论是，为了了解和欣赏西汉的赋的本质和起源，我们不能不承认，最普遍的文学阐释也不能忽视那时的修辞方法。好，先讲到这儿。谢谢！（鼓掌）

提问与回答

汪涌豪：

刚才柯马丁先生的讲演，我觉得他谈的问题分析得非常细。通常一般认为的是，扬雄对赋的评价，包括他的自我反省，他把赋的教化和赋的铺张两者是对立起来的。柯马丁先生觉得这两者其实并不矛盾，用欢愉也可以达到一个理性的自我节制，如果说礼制是可以造成社会安定的基础的话，欢愉也同样可以达成人们的一种理想。这是一个很有意思的说法。我们以前有点泛意识形态化，总是对一些教化的作品抱有很大的好感，像辞赋这样铺张扬厉的，我们就认为不是好东西，其实不然。这一点我以前也有这样的想法，今天听了柯马丁教授的演讲，坚定了自己以前所抱有的那些不成熟的想法。刚才柯马丁先生说道，古文字具有治疗的功效，当然不是巫咒的功效，其实是可以理解的，因为像太子那样，他病在心里，既然是病在心，我可以加以开导，这不是一帖巫药，就像今天心理有病，就需要用催眠来进行语言辅导。下面，在座的各位同学有什么要请教柯马丁先生，今天机会难得，有问题的话可以提出来，由柯马丁先生来回答。

柯马丁：

我希望你们提意见，不应该完全同意吧，我想学习一些新东西。

学生：

刚才汪教授也提到了，枚乘写《七发》，他是不是一个心理医生，我很想知道，他在太子身边的 operation 是什么？

柯马丁：

我想不是医生。《七发》实际上用的是修辞方法。非常明显，我想那时听到这样的一个赋，肯定能明白这个意思，这种修辞的表现，对那时候的人而言非常熟悉，所以可能我们觉得奇怪，他们可能不是。

学生：

您刚才谈到，铺排的辞赋同样能达成劝导的效果，汉赋在事实上是否真的达到了劝导的效果？

柯马丁：

这个没有办法说，起码扬雄觉得不是，那时候有人非常怀疑这个。我说过，对赋的批评不是一种独特的现象，肯定有那个时代的思想背景。基本上汉初到汉武帝时代，像司马相如或者枚乘的这样的赋，当然赋的概念是非常宽的，包括各种各样的东西，可是汉武帝时代的赋，提供欢愉本身也是一个重要目的，所以以后有人就说，这个跟俳优的活动差不多。我不知道有没有这样的效果，可是我知道，如果如扬雄所说汉武帝完全被迷惑了，这个我完全不相信，为什么扬雄能说这样的话，可是汉武帝时没有一个人这样感觉到？所以我们不知道那时候真正的效果是什么，也可以说，那时的文学就想给自己这样的一个名声，就是定义自己的用处。

学生：

您刚才说汉武帝“缥缥有凌云之志”，您是怎么理解这句话的？

柯马丁：

这不是后人对汉武帝的批评，这是扬雄的话，在《史记·司马相如列传》里也有，我觉得《司马相如列传》不是那个时代的作品，我想有很多材料可以确定，《司马相如列传》是扬雄之后才有的。所以“缥缥有凌云之志”就是一个半帝王半神的人物，就是那时对汉武帝的一般的批评，这与对他郊祀歌的批评是一致的，因为郊祀歌就赞美一些奇怪的征兆，所以西汉末年这些东西都要批评。

学生：

我突然有一点想法，就是修辞和穿衣服有关，既有暴露的一面也有掩盖的一面，既想让别人看到又不想让人全看到。由此我联想到，汉赋作者的目的也可能是双重的，一方面想让统治者看到自己的才华，但是另一方面又要摆出一副正人君子的样子。而作为听者的统治者本身也是双重目的，本来就是为了愉悦，但另一方面他也要摆出这个架子，所以目的都是双重性的，就造成汉赋手段的双重性，可以这样认为吗？

柯马丁：

我同意你的这一点，不仅仅是欢愉和道德教训等双面的东西，还有像司马相如、枚乘等人想表达他们的了不起，这一点我完全同意。他们原来都不是在长安武帝的朝廷，他们在南方一个一个地被召来，就是因为汉武帝好像赞赏他们的这种文学方面的才能。

学生：

您刚才讲到，西汉的赋是通过表现欢愉然后又加以道德引导，那么它对后世的发展有什么影响，在后来有没有像“乐而不淫，哀而不伤”那样的作品？

柯马丁：

这是个很好的问题。一方面，汉代的大赋从扬雄那个时候开始变成另外一个东西，比如我们现在能看到的东汉的赋，如班固、张衡的赋，就不是那种表演性的东西，整个的写作方式和作品的接受形式都不一样了。第一个问题，看《汉书·艺文志》，记录有一千多篇赋，而今天我们能看到的差不多三十个，我们各种各样的结论，包括我自己的结论，都是非常暂时的，因为我们的资料还是不多。第二个问题，我想，原来对赋体的体现，以后可能不是这样，我非常确信，在武帝之前或武帝时代，赋就是一种表演性的文体，不是书写性的文体，而且，它的修辞力量与表演有关系。我们现在“看”枚乘描写大水，如果我们真的要了解，应该“听”这个描写，应努力找原来的音乐，然后一个字一个字都要听，才能体察到这个东西的本质，后来的赋不是这样的。同时我们也应该承认，东汉之后对《关雎》或是“国风”的了解，基本上是基于《毛诗》的理解，比如看《隋书·经籍志》，说有三十多个关于《毛诗》的文本还存在，而且说梁代的图书馆还有三十多个文本，现在已经没有了。实际上我们看，六朝人吟“国风”的时候，他们确实不是完全从《毛诗》的角度，比如文学里面，包括骈赋里面吟“国风”，一看就知道，连唐代作《文选》的注，都能意识到，所以这样对“国风”的了解还是存在的，唐代后来一些人就觉得这些东西不太好，有道德问题等等，这个观念跟西汉末东汉初期对西汉初文本的批评也是差不多的。

汪涌豪：

今天柯马丁教授给我们作了一个很精彩的演讲，他主要谈了对大赋的解读。除了章学诚、刘师培、任半塘的说法，说赋起源于诸子等等，对于赋的民间起源，好像今天没有机会谈到。因为刚才我提到，1900 年敦煌发现了二十多个写卷里面是有赋的,以后郑振铎先生把它称作“小品赋”,容肇祖先生把它称作“白话赋”,一直到今人称它为“俗赋”,这些都是关乎赋的真正的起源的。可能因为时间的关系,柯马丁教授在谈赋体的起源的时候,并没有说到这个部分,所以我们希望他以后再来复旦,再来复旦文史讲堂,对这个问题作更深入的探讨。非常感谢柯马丁教授的演讲,谢谢他!(热烈鼓掌)

唐宋诗词与现代人生

主讲人：莫砺锋

主持人：陈尚君

莫砺锋

南京大学中文系教授，南京大学中国诗学研究中心主任，主要研究方向为唐宋诗歌、中国文学史、唐宋文学的文化背景。曾任哈佛大学燕京学社高级访问学者、韩国全南大学客座教授、台湾清华大学客座教授、香港浸会大学客座教授等。现任中国唐代文学学会常务理事、中国宋代文学学会副会长、中国杜甫研究会副会长等职务。著有《江西诗派研究》、《杜甫评传》、《中国文学史·宋代卷》、《朱熹文学研究》、《唐宋诗歌论集》、《莫砺锋诗话》等。

陈尚君 | 复旦大学中文系教授，研究领域为唐宋文学、古典文献学、历史文献学和石刻文献学。

陈尚君：

各位老师、各位同学，今天下午的复旦文史讲堂专场马上开始。我们非常荣幸地邀请到了南京大学著名教授莫砺锋先生来做演讲。莫先生的成就大家是比较熟悉的，但我还是稍微作一些介绍。莫砺锋先生是太仓人，苏州高中毕业的才子，在南京大学最初念的是英文，后来转向中国古代文学，所以学问是中西兼善而融通的。他的一个很特殊的地位是——全国第一位文学博士。复旦有两位做历史地理的老师，从文科来讲可能稍微早一点。但从全国文学博士来讲，莫先生是第一位。他个人的研究工作，在博士期间做的是江西诗派研究，后来做杜甫研究，进而做唐宋诗词的各个方面的研究。在近年来的古代文学研究中，比较多的写到他自己人生的经历，前两年出版过《莫砺锋诗话》，反响非常热烈。他现在的学问是中西融会贯通，古代和现代融为一体。今天下午他报告的题目是《唐宋诗词与现代人生》，这里有莫先生近三十年治学很深切的体会。下面我们热烈欢迎莫先生给我们做报告。

莫砺锋：

各位同学、各位老师，下午好！上个星期汪涌豪老师跟我联系，让我过来做个讲座，我问他讲的对象是谁，他说是开放式的，校外的可能也会来。但是我看今天在座的恐怕主要是复旦的同学，可能主要是中文系的同学，我觉得讲这个题目好像不太妥当吧。原来我想就一般地谈谈，对象是普通的读者，不是作为中文系专业的读者来谈的。但是今天既然有了这个题目，我就两边兼顾一下吧。

刚才陈尚君老师介绍我的情况，我想他漏掉了介绍我最主要的一个经历。我是老知青，尚君也是老知青，但他是在农场的，我是在生产队的。农场拿工资，我们生产队挣工分，所以待遇要比他差一点。我从 1968 年下乡插队，一直到 1978 年，所以我拿到高考录取通知书的时候，户口还在生产队里面。就我的经历来说，我人生中最美好的阶段都是在种水稻、种棉花。所以我对长江下游地区的水稻栽培是比较熟悉的。插秧、割稻都是一把好手，但是现在没有人请我去讲这个，那么就讲讲唐宋诗词吧。（听众笑）

我到南大跟程千帆先生读书，专业方向叫做“唐宋诗歌”，当时的学科分类还没有现在这样规范，程先生的招生方向就叫“唐宋诗歌”，所以我就考了这个专业。我记得程先生出的考卷里有一道题就是写一首诗词：“你会写诗词么，写一首给我们看看，或者抄旧作也行。”那道题占 20 分，所以我就临时凑了一首，本来想写七言律诗的，我想让程先生看看，我懂平仄，还会对仗，但是中间有一联怎么也对不好，对到最后，离交卷时间还有五分钟了，只好把中间两联都去掉，就变成了一首七言绝句。就这样子到南大中文系开始学中国古代文学了。因为我没有在中文系读过本科，半路出家吧，很多方面基础不扎实。我记得很清楚，刚入学的时候，程先生到宿舍来看我们，看到我床上码的那几本书，他说：“你就这几本书啊？”我说我就这几本书。程先生说：“你哪像学古代文学的人啊，很多基本的书都没有。”我是没有，因为以前我一直在乡下种地么，也没有读过中文系。我在南大中文系读了几年书，毕业后就留校了。以后的 20 年一直从事目前的这个工作，成天和故纸堆打交道。但是我这个人做学问跟尚君兄完全不一样，他是学者，是做学问的，我觉得他处理的文献、他的研究对象，有好多东西在我看来是非常枯燥的，他做那个工作是很艰苦的。尚君兄早就送给我他的《全唐诗补编》，我翻了翻，觉得里面的诗都不好读，读起来没有味道，好作品很少。我们现在要选唐诗的话，恐怕很难从《全唐诗补编》中选出好的作品来。我读书是凭兴趣，我觉得读好的作品才有意思，自己有一种愉悦感；读不好的作品，觉得很枯燥，我就尽量回避。我曾经在一篇叫做《加强对大家的研究》的短文里讲到，我们研究古代文学，还是要重点研究一些大家。现在同学们写论文选题有这么一个趋势，至少南大有这个趋势，总觉得一流的作家不好研究了，写不出论文来了，就转移到二流作家去。慢慢地二流作家也不太好做了，就转到三流。再这样下去终究会转到四流、五流，那么总有一天会有人写文章论“张打油”、“胡钉铰”，我觉得这样意义不大。我这样说，真正的原因在于我不喜欢读那些东西。叫我读那些我觉得不好的作品，我就会觉得很痛苦，是在受罪，没有得到任何的审美愉悦感。所以南大的同学都说，莫老师不大买书的。我很少买书，我家里《全唐诗》也没有，不要说《全宋诗》了。我只读过一遍《全唐诗》，这样的书借来读就行了，因为读过一遍之后我不愿意再读第二遍了。《全唐诗》里面，我感觉有很多诗写得很糟糕，就像孟郊所说的“恶诗皆得官”，“恶诗”就是写得很坏的诗。那诗坏到什么程度，可以说比我写的还要糟糕。还不如我自己写的，那我干嘛还读它呢？所以我就不太喜欢读。当然这肯定不是做学问的一个好的路子，但是我就是这个习惯，我买书一定是买这样的书，我愿意反复读的书，我肯定要买。如果这书我看过一遍不想看第二遍，就不买了。我一般情愿到图书馆借书。当然客观原因也是家里住房小么，虽然不太买书，但书已经从床底下蔓延出来，房间里都很难走路了。有时候找一本书，明明知道自己有这本书，但是我懒得去找，因为要钻进去、抽出来，太麻烦，我情愿到图书馆去借，还快一点。这样，我的治学路数跟这些真正优秀的学者有点不同，我比较散漫。我刚才说，我比较喜欢研究大家，因为大家的作品读起来有意思，虽然从学术研究的角度说，可开拓的余地和空间不是太大，但是我还是喜欢读他们。所以我的精力就集中在杜甫身上，最近两年集中在苏东坡身上。我觉得他们的作品读起来舒服。这就形成了我的治学路数。

下面还是讲讲我的一些想法吧，不一定都跟学术有关系。也许是我自己主要研究唐宋这一段，主要是唐诗和宋诗，阅读的主要感兴趣的也包括唐宋词。我一直有这样一个看法，我觉得中国古代文学里，真正有重大价值的，最能体现我们民族文化特点的，应该是唐宋时代的诗词。美学家李泽厚曾经有一个判断，他说，我们的传统文化光辉灿烂、博大精深，但是里面有许多内容，随着时代的变迁，它的光辉会逐渐变得黯淡，有些价值会过时。确实是这样的，比如伦理学、政治学方面的一些内容，在古人看来是天经地义的，我们今天看是没有价值的，被否定掉了。但是李泽厚又说，传统文化中有一个内容是永远不会过时的，它就是唐诗宋词，唐诗宋词的价值是永恒的。我非常同意这个判断，我甚至想，只要中国人还说汉语，还写汉字，唐诗宋词的价值就永远存在，它的那些经典作品，永远活在人们心中。我为什么说唐宋诗词呢，我们的诗歌历史是那么的悠久，从《诗经》《楚辞》，甚至《诗经》以前的歌谣都有流传下来，都很好啊。在甲骨文中，占卜下雨的卜辞："今日雨，其自西来雨？其自东来雨？其自北来雨？其自南来雨？"这就是一首很好的诗歌，古代这样的作品非常多。那么为什么从唐诗谈起呢？我们的方块字是单音、单字、单意的，音有平上去入，有四声之区别，这样的文字用来组合成作品，组合成文本，最能发挥其审美潜能的，可能是诗词，虽然后来还有散曲，但我总觉得，散曲在总体上确实没有诗词那么优美。

从形式上说，诗词是汉语所能创造的最精炼最优美的一种文本。中国古代人的生活方式、思维方式有种种的特点。林语堂写过一本《生活的艺术》，他是在美国写的，教美国人生活的艺术，那部书在美国很畅销。在20世纪40年代，连续52个星期在《纽约时报》畅销书榜排行第一位，非常了不起。但是我想中国古人与其说懂生活的艺术，还不如说他的生活更有诗意。中国古人的人生态度、思维方式，都带有浓郁的诗意，都有诗的倾向。

这样的一种文化，这样的一种生活态度。虽然“诗意地栖居在大地上”这句话是20世纪的德国人说的，但是我认为说这句话的人实际上做不到这一点。大家都知道，海德格尔的一些行为，热衷名利，跟纳粹也不清不白的，看到他的老师胡塞尔还假装不认识，等等，这样的人能“诗意地栖居在大地上”吗？我想是不能的。谁能“诗意地栖居在大地上”呢？苏东坡、陶渊明这样的人，他们才是真正的“诗意地栖居在大地上”，他们整个人生带有诗的倾向。我们中国人的文学、文化和整个民族的文化心理，天生地带有诗的倾向。凡是好的古代文学作品，都是趋向于诗的。当然学音乐的人会说趋向于音乐，但是我是觉得趋向于诗的。不要说剧本，《西厢记》、《牡丹亭》、《桃花扇》等，里面的曲文、说白，都是带有诗意的。“碧云天，黄花地，西风紧，北雁南飞”，这不是诗是什么？整个的一折都是抒情诗。小说也是这样。《红楼梦》跟《金瓶梅》比，凭良心说，我是不喜欢《金瓶梅》的，我只喜欢《红楼梦》。当然很多“金学家”，复旦的黄霖教授他们，专门研究《金瓶梅》。《金瓶梅》当然也了不起，它在写人生百态、刻画人物等方面的水平跟《红楼梦》可能在伯仲之间，但是一个最大的区别是：《红楼梦》是带有诗意的，《红楼梦》带有诗的光辉，而《金瓶梅》完全没有，《金瓶梅》漆黑一团，全书一点诗的光辉都没有。我想大部分的读者都是愿意接受《红楼梦》而不是《金瓶梅》的。尽管把《金瓶梅》中应该删掉的字都删掉了，变成洁本了，它还是不洁，因为它没有诗意的光辉。

更不要说诗歌本身这种文体了。现代诗人艾青说过一句话，有人问艾青什么叫诗歌，他说诗歌就是文学中的文学。这句话如果放到西方文学里面也许不一定准确，但是放到我们中国文学里面，确实是很准确的。最具有文学特征的，完全非功利性的，最具有审美潜能的，在中国文学中确实首推诗歌，在我们历史悠久的文学史上，最有代表性的作品应该是诗词。当然，唐宋诗词以后还有元明清诗词，现在还有人在写作诗词。就学术研究来说，现在有从唐宋转到明清诗词的趋势，不管哪个学校，研究生选题都有不少人会选择明清时代的诗词，因为题目比较好找。但是我总觉得，明代的、清代的诗词选本选出来的那些诗词，总比不上唐宋诗词。也许这是一种偏见吧，但是一种文体肯定有其高潮时期，有其最繁盛的阶段，也就是它的黄金时代。黄金时代过去之后，再要重现辉煌，这是很难做到的。所以应该说，唐宋时代的诗词是历史上最好的。

我跟汪老师报的题目是《唐宋诗词与现代人生》，我就稍微谈谈我的看法。文学史上约定俗成的名词本是“唐诗宋词”，但是我认为如果我们说诗词的话，最好不要把它分成唐宋，最好是把唐宋打通，要关注整个唐宋时代，当然也包括中间的短暂的五代。在文学史上，五代本来就是属于唐代部分的，一般都说隋唐五代文学。不管是诗还是词，都要把唐与宋连起来，作为一个完整的时代来思考、来阅读，结果可能更好一些。唐诗是了不起的，鲁迅说过，一切好诗，到唐代已经做完，鲁迅认为唐以后就不能作诗了。这种观点肯定是比较偏颇。应该说宋诗也很好。年轻的朋友可能喜欢唐诗的多一些，喜欢宋诗的相对来说要少一些。钱钟书说得很清楚，诗不是朝代之分，而是体格性分之分，唐诗和宋诗的一个区别体现在，少年意气风发的时候比较喜欢唐诗，到了中年以后性情冷静下来了，就转而喜欢宋诗。我这个人未老先衰，30 岁就开始喜欢宋诗了，当然我继续喜欢唐诗。我们不管是研究还是阅读，不应该总是盯着唐诗，宋诗也应该放进我们的视野里面。这当然不是因为宋诗的数量多。《全唐诗》，加上尚君兄的《补编》，也不过是 5.6 万首，而《全宋诗》有 24.7 万首，这个数量大大地超过了唐代，但是数量多不说明问题。历史上写诗最多的大概就是乾隆皇帝吧，有人说乾隆皇帝的诗有 4 万多首，陆游才 9 千多首，他有 4 万多首，但是如果有人选一个《乾隆皇帝诗选》，这个书肯定卖不出去的，肯定不好读。我还是看到过几首乾隆皇帝的诗的，在故宫所藏的名画上面，不管是北京故宫，还是台北故宫，那些名画，只要在故宫收藏过的，乾隆一定在上面题一首诗，他那个软趴趴的字，他那个烂诗，就题在那些国宝级的名画上面，而且字写得老大，有的还写在中间。假如乾隆还活着的话，我们应该追究他的破坏文物罪，把国宝级文物破坏掉了，但是我们现在无法追究他。（听众笑）他的诗不好，可见数量不能说明问题。但是宋诗不是这么回事。我们说要重视宋诗，不是因为它有24.7万首，而是它里面包括了苏东坡、陆放翁这样的诗人，当然也包括黄庭坚、陈师道、王安石、梅尧臣这样的优秀诗人，不管从哪个角度说，如果把苏东坡、陆放翁这样的诗人从诗歌史上排除掉，或者予以忽视，那肯定是不公正的。所以我们说到五七言诗，肯定是唐宋都要兼顾。而且我们真正要想对唐诗有比较深的理解，或者反过来，真正要想对宋诗有比较深的理解，那么读唐诗必然要兼读宋诗，读宋诗必定要兼读唐诗。清人叶燮说过，不读唐诗不知六朝之工也。他还说过，不读宋元诗不知唐诗之工也。这两者是要对比的，因为它是一个连续的不间断的发展过程，你不能只取中间的某一个过程。

词也是这样，虽然词到宋代才达到高峰，但是假如我们只讲宋词不讲唐五代词的话，我们还是有重大损失，我们损失掉了韦庄、温庭筠，甚至损失掉了部分的李后主。我从南京来，对在南京生活了近40年的李后主还是充满了同情心，李后主的词是大家都很喜欢的。所以我们说到词，也要把唐宋阶段放到一起来看。因此我想用“唐宋诗词”这个词来取代“唐诗宋词”，这既是对我们一般的阅读来说的，也是对学术研究来说的，研究唐宋文学的人，对两个时代应该兼顾，哪怕一个人的研究有一个比较集中的方向，专门研究某一段，专门研究某人，但是你研究某一个固定的对象的时候，胸中最好有一个比较广阔的背景，没有这个背景，你的判断和理解都会有问题，这就是我关于唐宋诗词的一些想法。

我就不说我个人化阅读的感受了，去年在北大出版社出版的《莫砺锋诗话》，里面有我个人阅读唐宋诗词的感受，包括我做知青时的想法，都写进去了。严格的说，这本书绝对是非学术的，而且个人的读后感也没有对错之分。真正从赏心悦目的愉悦感的角度读诗的话，阅读完全是个人化的行为，你想怎么读就怎么读，你自己细读文本，通过文本与古代的诗人、词人进行心灵的碰撞就可以了。每个人的感觉都不一样。英国人说一千个读者就有一千个哈姆雷特，我想我们也是一样，有一千个读者就有一千个李白、一千个杜甫，每个人的感觉都是不一样的。我读陆游的诗，特别喜欢他写种水稻的句子，有两句诗是“泥融无块水初浑，雨细有痕秧正绿”，这两句诗大家可能都不太注意，或者看到了也并不喜欢，但是我太喜欢了。我当年在地里插秧的时候，我用铁搭搅碎那些泥块，要把泥块弄得很细，这样插秧时才会很顺利，我一边舞动手中的铁搭，一边念叨着“泥融无块水初浑”。这当然就被田地的其他社员看到了，我刚插队下去的时候他们叫我“小莫”，三年后叫我“老莫”了。他们说这个老莫嘴里念念叨叨地念什么呢？因为我家庭出身不好，我也不敢说我在念宋诗，我就说我正在背《毛主席语录》呢。其实我正在念陆游的诗。这两句诗大家可能并不喜欢，这是一种非常个性化的阅读。这方面无所谓对错，也没什么可以争论的。所以我送其他的书给复旦的老师，我都写上请他们“指正”或“校正”，唯独送《莫砺锋诗话》，我只写“惠存”。我送给尚君一本，我就没说请他指正，因为这没有什么可指正的，如果他的看法和我的不一样，这说不上是他对还是我对，没有对错之分，个人看法本来就是不同的。这个方面我觉得不大好谈。顺便说一句有关《莫砺锋诗话》的话。古人说某人没有名声，默默无闻，“名不出闾里，悲夫！”也就是说这个人名声不出闾巷，很可悲。我想我这个人也是“名不出闾里”，因为这本书在南大那里卖得很好，但是在上海根本就卖不动，没什么人买，所以我这个名字，南大的同学知道，出了南大就没人知道了，“名不出闾里”。（听众笑）这方面的情况我就不谈了，朋友间私下聊天还可以，作讲座就不太合适。今天在座的是复旦的学生，主要是研究生，谈这些有点文不对题。

下面谈谈其他方面的阅读。我进南大读书，程千帆先生给我买的第一本书，那时他帮我们买书，我们三个硕士生，他给我们每人都买了一本书。这本书非常薄，价格也很便宜，好像是 2 毛 8 分钱，就是陈垣的《陈垣史源学杂文》，薄薄的，程先生就不由分说地给我们每人买了一本。陈垣先生在北师大教书的时候，给他的研究生开了一门课，就叫做“史源学”，意思近似于“史料学”吧，就是怎么对付历史材料。傅斯年有句名言，他说“历史学就是史料学”，我觉得这句话是过分的，历史学不能说就是史料学，历史学应该在史料的基础上有判断、甄别等等，但是这句话的部分是对的，它的起点是史料学，材料还没有搞清楚，何以来研究，何以来论证，何以来分析。程先生给我们买了这本书，叫我们好好地读。这是我进南大读的第一本书。书的前面有陈智超写的前言，其中有一句话说：陈垣给大家上课的时候，经常对大家说，你们不要轻信白纸黑字，不要认为书上说的就是真的。陈垣先生引用了《诗经》中的一句话：“无信人之言，人实诳女！”不要轻信别人的话，别人是骗你的。这句话是《郑风》的《扬之水》里面的，这本来是一首爱情诗。陈垣先生引用这句话主要是说，要注意你读的材料是不是准确，是不是可靠。所以我们读书的第一步就是要解决文献的问题。陈尚君先生是唐诗文献的专家，我班门弄斧地说说我的看法吧。

上世纪40年代的时候，闻一多、李嘉言他们这批学者研究唐诗的时候，《全唐诗》就是他们唯一的文献来源。我们看他们的文章，后面的文献出处，注释就是“《全唐诗》卷几”，只要诗歌是见于《全唐诗》的，一般人就认为是可靠的。现在我们知道，《全唐诗》首先不全，陈尚君已经补过了。《全唐诗》里面也有很多错误，河南大学的佟培基教授写过《全唐诗重出误收诗考》，里面有重出的诗，有误收的诗，张冠李戴，甚至把后代的诗收进去了。这些问题，学界一直在做考订，在做研究。在座的同学如果不以《全唐诗》为研究对象的话，一般也不会去读《全唐诗》，是不是我们不读《全唐诗》，就不需要注意这些问题呢？不是的，不管读什么书，都要注意版本的问题。哪怕是《唐诗三百首》，同样也有版本的问题。我在南大碰到过这样的问题，大概是十年以前，我上文学史的课，偶然讲到《唐诗三百首》的问题。《唐诗三百首》是我读唐诗的一本入门书，我最初接触唐诗，就是这本书，在农村时就读到了，所以一直很喜欢它。尽管现在有各种唐诗选本，例如中国社会科学院文学所选的《唐诗选》，还有上海师范大学的马茂元先生所选的《唐诗选》，都很好，都很有特点，都比较能够体现我们现代人的眼光。但是就家喻户晓的程度来说，恐怕都比不上《唐诗三百首》，哪一种唐诗选本都不如《唐诗三百首》。我就在课堂上说《唐诗三百首》选得很好，它基本上照顾到方方面面，初盛中晚、各种流派，都注意到了，各种诗体也比较匀称，还突出大家，杜甫第一，王维跟李白第二等等。但是《唐诗三百首》也有一个缺点，它没有选李贺的诗。不管从哪种价值尺度来衡量，从唐诗中选出三百一十首作品，李贺竟然一首都不选，这不合理、不公正、不准确。在我看来，李贺的诗，在《唐诗三百首》里面，恐怕至少要有四到五首，甚至六首，才比较合乎李贺在唐诗中的真实地位，才比较公平。我偶然说到这个观点，南大的本科同学还是比较喜欢跟老师讨论的，研究生倒不太喜欢发言，我刚说完，有个女同学就站起来说，“莫老师你说的不对”。我说：什么不对呢？她说：“《唐诗三百首》里面已经选了李贺的诗了。”我觉得很奇怪。如果说是这学期我上这门课，我可能会觉得是我的错，因为我年将六十，老年昏聩，脑子糊里糊涂的，昨天看的书今天就忘掉了，很多东西记不清楚。但是十年以前我还没有这么老，我自己觉得脑子还比较清楚，我觉得《唐诗三百首》里怎么会有李贺的诗呢？我怎么没有读到呢？我虽然不喜欢收书，但我家里的《唐诗三百首》至少有七、八个版本，我从来没有读到过。我就很怀疑地问那个同学说：“有吗？”那个同学从书包里“呼”地抽出一本书来，她正带着一本《唐诗三百首》，非常熟练地翻到李贺那一页，说，老师你看。我拿过来一看，真是李贺，还真有四到五首，像《金铜仙人辞汉歌》、《苏小小墓》等，我比较喜欢的几首李贺诗，都选在里面了。我大惑不解，白纸黑字的印着李贺的诗，书的封面上就印着《唐诗三百首》啊！我急了，我就说，课暂停一下，让我翻一下这本书。我就赶快翻，翻到最后，恍然大悟，我就把书还给那个同学，我说这不算，因为这是一本伪造的《唐诗三百首》。这同学不服气，说我不是从地摊上买的，我是从新华书店买的，而且这是省级出版社出版的。我告诉她，这肯定是伪造的，因为我发现了明确的证据，证据就是这本《唐诗三百首》除了补进李贺的诗外，它还补了另外一个诗人的诗，也是《唐诗三百首》里面没有选的，这本书里补选了他的两首诗。这个诗人有一句诗，去年由于张艺谋的一部影片而非常走红，就是“满城尽带黄金甲”，作者就是黄巢。黄巢的两首有关菊花的诗都选到里面了。黄巢的《不第后赋菊》写得还不算太差：“待到秋来九月八，我花开后百花杀。冲天香阵透长安，满城尽带黄金甲。”但是这样的诗选到唐诗三百首里面，这未免太过分了。《唐诗三百首》是乾隆二十九年，公元1764年编选的。那个时代正是清朝的文字狱最严酷的时代，士大夫著书立说稍有不慎，写了朝廷认为大不敬犯忌讳的东西，马上杀头，而且满门抄斩，株连亲友。所以那个时候怎么会冒出一位孙洙，敢于把黄巢的诗选进唐诗选本呢？即使选进去了，当时怎么会允许这本书流行开来？这绝对不可能的。所以，这本书肯定有问题。那本书光凭印刷、装帧是看不出任何问题的，它封面上就是《唐诗三百首》，编者就是清蘅塘退士。我后来想，这肯定是那个出版社的编辑先生加工过了。当时我就对那位同学说，幸亏你是本科同学，如果你是研究生，你就危险了。因为研究生要写论文。我不知道复旦现在有没有取消研究生发表论文的要求。我们南大是这个错误做法的始作俑者。如果你是研究生，要写论文，你看到这本书，灵机一动，产生一个想法：谁说乾隆年间思想不自由、不开放、文字狱很严酷？那时编的《唐诗三百首》，把黄巢的诗选进去了，而且风行海内，这说明那个时候很自由、很开放，是和谐社会啊。假如你这样判断，这个结论当然是很荒谬的。

所以，我们读书，第一讲究版本，要看一个准确的文献材料。那本所谓的《唐诗三百首》是华北某省的人民出版社出版的。我对同学们说，凡是古典文学的书籍不要买那个出版社的，古典方面的书籍第一要买中华书局的，第二要买上海古籍出版社的，第三买南京的凤凰出版社的，就是原来的江苏古籍出版社。在我看来，这三家出版社出的古籍比较可靠一些。当然那种情况比较特殊，我几十年就遇到一次，居然是一本伪造的《唐诗三百首》。

假如说不是出于伪造，就是一本正经的书，它会不会有问题呢？同样会有问题。古代作品产生的年代离我们太远了。唐宋文学最早的距离我们一千四百年，最晚的距离我们八百年。这么长的流传过程，文本会由于各种原因发生变化。我们现在读到的文本到底是不是很准确？下面还是讲一个《唐诗三百首》的问题。1986年我到哈佛大学去访问，因为没有具体的任务，很自由，我就随便地听听课。有一天一个东亚系的教授讲唐诗，我就去听。他讲的是韦庄的《台城》，这首诗也是选在《唐诗三百首》里面。新出的赵昌平注释的《唐诗三百首》已经把题目改过来了，叫《台城》。原来的本子中，题目叫《金陵图》。在南京玄武湖边上有一段城墙，现在叫明城墙，那个地方在六朝时就叫台城。韦庄写的就是那个地方。“江雨霏霏江草齐，六朝如梦鸟空啼。无情最是台城柳，依旧烟笼十里堤。”那位教授用英语分析这首诗。他的讲解中反复出现一个单词“crow”，就是乌鸦。他反复地讲到“乌鸦”这个词。原来他把第二句“六朝如梦鸟空啼”中的“鸟”字说成是“乌”字了。他讲了一个小时，一大半时间是在分析这个“乌”字。他说这首诗好，好就好在这个“乌”字。他说，你们想，乌鸦是一种什么鸟？乌鸦是一种颜色黑乎乎的，声音很沙哑的鸟，中国人认为它是不吉利的。乌鸦出现在诗歌里面，作为一个意象，它往往象征着衰败、凄凉和寂寞。他说，在一个鸟语花香的春天，韦庄来到城下，他就想到这里原是六朝故都，但是原来的繁华现在一去不复返了。在这样美好的季节里，城头只有一只乌鸦在叫，这生动地表达了诗人的情感，诗人对南京城繁华已逝的伤感。这个“乌”字用得真好！他讲完了后，看到我在旁听，就问我讲的怎么样。我说，讲得很好，但是据我所知，这句诗里没有“乌”字，第二句是“六朝如梦鸟空啼”，诗中没有写乌鸦。他说，怎么可能呢？他马上从书架上抽一本书下来，这本书是《唐诗三百首》，是台湾一个出版社出的，是用繁体字印的，“鸟”字少了一点，变成了“乌”字，这样就成了“六朝如梦乌空啼”。我告诉他，虽然这本书上印的是“乌”，但这是错的。这是一首七言绝句，要讲平仄，尤其是到了晚唐，在韦庄手里的七言绝句，怎么可能不讲平仄呢？这一句“平平仄仄仄平平”，照规定第五个字应该是“仄”声字。“鸟”是仄声字，“乌”是平声字。如果用平声字，这句话就变成了“平平仄仄平平平”，晚唐七言绝句怎么会写三平调呢？这不可能，肯定错了。他听了将信将疑，我们后来也没有继续交谈下去。为了维护中美人民的友谊，我就没有说第二点想法。（听众笑）其实我更想告诉他，这首诗好就好在一个“鸟”字，而不是“乌”字。王夫之的《姜斋诗话》说得很清楚：“以乐景写哀，以哀景写乐，一倍增其哀乐。”用一种悲伤的背景反衬欢乐的情绪，或者反过来，用一种明快的背景反衬一种悲哀的情绪，艺术效果会更好。韦庄这首诗照我看来很简单，就是这样一回事。他正是要说人世变迁得很快，南京已经不是都城了，六朝繁华已经一去不复返了，但是大自然不变，自然无情，到了春天细雨蒙蒙，依然鸟语花香，杨柳依然是袅袅地垂在那里，依然是一幅美景。如果是“乌空啼”，这首诗就没有意味了。这个例子说明，即使是《唐诗三百首》这种常见书籍，我们还是要注意文本的准确度。我们要读名家精校的本子，读比较严肃的出版社出版的书，但是也不能百分之百地保证不出错，因此在读之前，在文本上要关注一些，文献上要多留一个心眼。

第二点就是，对于我们今天的读者，也不光是在座的同学们，也包括我们这一代人，起点比较晚，距离唐宋文学的发生背景的时代非常遥远，很多东西，古人和前辈也许一读就能读懂了，但是我们读起来，中间有隔阂，理解有一些障碍，古代的典章制度、社会形态、生活状态等，甚至古代的一些语言表达习惯，我们不是很清楚。读起来有很多问题，解读起来有不很准确的地方。虽然阅读是个性化的，但是有一个前提就是必须对诗人原来要表达的内容有一个大体上准确的了解。我们可以读一些注释准确的书，但是总会遇到没有注释的。

再举一个与洋人有关的例子。大家知道宇文所安在国内名声很大，他的书出版了不少，据说卖得也很好。我也很佩服他，一个盎格鲁一撒克逊人读我们的古诗能读到这个地步真是了不起。我个人可能是最早向国内介绍宇文所安文字的人。我编译的《神女之探寻》，里面收了两篇宇文所安的文章，那本书是 1992 年上海古籍出版社出版的，是英美学者论中国古典诗歌的论文集，宇文所安还为这本书写了一篇序言。宇文的书不是没有错误，他得到广泛好评的《初唐诗》、《盛唐诗》，我曾写过书评，评到里面的问题，里面有很多硬伤。我现在不谈他的问题，我们谈一个国外学者对于中国诗歌某个文本的解读。这首诗也是《唐诗三百首》里面的，也是跟南京有关的一首诗，就是李白的《长干行》。有一天我和宇文所安闲谈，我说我们中国文学和你们英美文学，都是源远流长的，都是很了不起的，时间跨度长，出了很多大家和名作。但是我们双方的人民对对方的文学的认识和态度好像不对称，我们对你们的文学是很重视的，反过来，你们英国人、美国人对我们中国文学了解多少？宇文所安可能是要维护美中人民的友谊吧，他说，也不完全是这样，也有一些人是喜欢你们的文学的，他说至少有一首唐诗在美国是家喻户晓的，这就是李白的《长干行》。这首诗写的是发生在唐代南京城的长干里的一对男女恋爱、婚姻的故事。中国的诗和欧洲的诗有两个方面不一样：第一，爱情不是中国诗的第一主题，至少在唐诗里面写友谊的好诗比写爱情的好诗要多得多，西方则以爱情为第一主题；第二，我们的诗以抒情为主，叙事很少，他们的诗比较喜欢叙事的。李白这首诗，第一是爱情主题，第二有叙事成分，所以他们容易接受。我刚去美国的时候，程千帆先生交给我一个任务，80 年代国内学界有一股方法热，有人提倡要用西方的新理论新方法研究古代文学，有人提出用三论研究文学，就是信息论、控制论、系统论。（听众笑）程千帆先生对我说，你去了解一下，美国人是怎么用三论研究文学的。我刚去不久就有了一次机会，与宇文所安还有张隆溪在一起，我就向他们请教。我问，美国学术界怎么用“三论”研究文学？宇文所安反问我说：哪“三论”？张隆溪说，用“三论”研究文学是中国人提出来的，美国人从来没有说过。所以我马上给程先生写了一封信，我说我的任务已经完成了，美国人不用“三论”研究文学。这是题外话。那天跟宇文所安谈到《长干行》，引起了我的兴趣，我曾经在外文系读书，对诗歌翻译很感兴趣。把一首诗歌从一种语言翻译到另一种语言，这很奇妙。我后来才知道钱钟书引用美国诗人 Robert Frost 的一句话：“诗歌就是一经翻译就不再存在的文本。”这个定义下得很好。一个文本翻译成其他文字，它就没有了，荡然无存了，这就是诗歌。诗歌是很难翻译的，那个时候我还不知道这句话。我对诗歌翻译还比较感兴趣。当时宇文所安给我看了《长干行》的英语译本，一看就觉得有解读上的问题，当然我们中国人也会犯类似的错误。《长干行》的第一句是“妾发初覆额”，英文翻译是“When my hair was still cut straight across my forehead”，也就是在美国人的眼中，这个小女孩的发型，前面的刘海部分从这边一直剪到那边，平平的。这种解读当然不对。因为这个翻译者没有读过我们的《孝经》，因为《孝经》中开宗明义地指出：“身体发肤，受之父母，勿使毁伤，孝之始也。”中国古人认为身体的任何部分包括头发，是父母遗留给你的，你要敬爱孝顺父母，就不能伤害它们，毁伤了头发就表示对父母不敬重，不重视父母留给你的生命的本体。住在长干街上的这个唐代女孩怎么能剪头发？《孝经》可是唐朝人的必读书啊！第一句就错了。这首诗里面最难翻译的是第三句“郎骑竹马来，绕床弄青梅”。这个“竹马”确实是很难翻译的。他翻译成“bamboo stilts”，也就是竹子做的高跷。在美国人看来，这个小女孩的 boyfriend 是踩着高跷来的。但这怎么可能呢？这种最基本的的名物制度、生活状态，是很不容易搞清楚的。大家不要以为这首诗是一名无名小辈翻译的，它是由一位大名鼎鼎的人物翻译的，就是美国著名诗人庞德（Ezra Pound）。

要是反躬自省的话，我们也会犯这样的错误。在古人看来比较清楚的、比较容易理解的东西，我们现代人读来可能就不那么清楚，可能就会有误解。唐宋时代的诗词距离我们确实已经很遥远了。尽管遥远，但它不是死的文本，它是活的文本，它还生活在我们中间，甚至生活在我们心中。在现在的社会上面，我们这个学科是极大地边缘化了，中文边缘化了，中文学科中的古代文学更边缘化了，我们是非常非常地边缘。我们研究古代文学是真正地坐在冷板凳上。同学们如果是研究这个学科，你就要准备吃苦。你不可能走红，不可能成为社会关注的中心，不可能挣很多钱。像于丹讲《论语》那么走红，那是不正常的。唐宋诗词永远不会走红，但是我们还是要读它。排除掉写论文、排除掉为了学科生存，我们还是要读它，就是因为它确实是最好的文本。人生中间会碰到各种各样的生活遭遇，人的喜怒哀乐都是难免的，大家会有各种各样的境遇，在很多场合大家会有充沛的情感要表达，这个时候比较好的事情当然是写诗了，写诗是表达情感的比较好的渠道。但是有的情况下，我们何必自己写诗呢？我们读读古典诗词就行了。古人写的诗词，基本上可以替代我们自己写的。记得以前冰心散文中写了一句话，冰心说，她读古人这些好的作品的时候，经常有一种想法，一种感觉，就是“恨不趁古人未说我先说”，这么好的句子，要是在古人还没有写的时候，我先来写就好了。为什么我也来写呢，因为我也有这种感受，有的时候感受几乎是一样的。同学们都有离开家乡离开亲人的经历，在这种境遇下，假如碰到佳节来临，就会有一种强烈的感情要表达，要写诗词。但是何必要自己来写呢？我觉得，我们怎么写都不会超过王维的那首诗。我们写不出比“独在异乡为异客，每逢佳节倍思亲”更好的句子了。所以在这种情况下，我们读古人的诗就行了。

词也是这样。50年代曾经有过关于李后主的词的大讨论。评价他的作品时产生了一个问题，就是他的作品有没有人民性的问题。这是当时评判古典作品的唯一的标准，没有人民性就是不好的，应该批判的。这样李后主的词就被否定掉了。即使有人想为李后主辩护，我想他也没有任何理由证明李后主的词具有人民性。李后主不算是一个残暴的君主，但是他是一个昏庸的君主。他有艺术才华，但政治上非常昏庸，后来亡国了。他离开南京城后，写词回顾他的经历，他回忆的是“最是仓皇辞庙日，教坊犹奏离别歌，垂泪对宫娥”。他流着眼泪舍不得离开的只不过是他宫里的宫女而已。他和老百姓没有任何接触和交往，他没有对南京城里的父老乡亲说过一句话。我们在他的词里找不到一点人民性。但是恰恰是李后主的词，能够打动我们各种身份的读者。所以我觉得鲁迅的那句话不太准确的。焦大肯定不会爱慕林妹妹的，但是他会同情林妹妹。说到大观园里的是是非非，焦大应该会站在林黛玉这一边。这种同情感是一定会有的。我读李后主的词，就是这样感觉的。我当知青的时候，春雨潇潇的夜晚，非常寂寞的时候，躺在床上听外面的雨声，不由自主地想到李后主的词："帘外雨潺潺，春意阑珊。罗衾不耐五更寒，梦里不知身是客，一晌贪欢。"我当然知道李后主是南唐亡国的君主，他成为俘虏后以泪洗面，但是他曾经有过君主的生活，他的生活落差是从国君到俘虏。他的身份和知青完全不一样，我们是革命青年，是响应毛主席的号召去乡下的，我们不应该和李后主有什么共鸣。但是，就是有共鸣了！我们的身份那么不一样，但是当我读他的词的时候，确实受感动了。

我们读古代文学作品，最终极的价值是什么？是在各种关头，各种境遇，都可以找到相应的文学作品替我们说话，好像帮我们抒发心声。1986年我刚到哈佛不久，就过中秋节了。哈佛有一个教堂，是纪念二战期间牺牲的哈佛师生的。我看到一轮明月从教堂尖顶升起，顿时起了乡愁。我想我的母亲、妻子和女儿，非常想她们。对着异国的一轮明月，我有万千心事要表达。但是想一想，哪里还用得着我来表达？苏东坡早就帮我表达过了："人有悲欢离合，月有阴晴圆缺，此事古难全。但愿人长久，千里共婵娟。"唐宋诗词有很多好的文本，在生活的各种境遇、各种阶段都能找到合适的文本来安慰我们，这是它最有价值的地方。至于说从中间找一个题目写一篇论文，探讨一个问题，当然有价值。但研究的最终目的是为了其他人更好的阅读。我们的研究使其他的读者获得一个更加可靠、更加准确的文本，使其他读者得到更加切近原意的解读。只有当唐宋诗词还有阅读的价值，在普通读者心中还是活的文本，我们的学术研究从总体上说才有意义。假如它完全成为一种死文学，不再生活在我们的生活中，不再生活在我们的心中，那么我们的研究意义就要大打折扣了。我们从事这项研究，坐冷板凳时的心情恐怕就更不好过了。不管我们的研究有多么的差，只要能够帮读者进行解读稍稍尽了一分力量，这时我们会受到某种鼓励，这也是我们从事研究最根本的动力。

好吧，下边的时间是不是留给同学们？有没有同学要跟我交流的？

陈尚君：

下面同学们就随意提问题吧，莫先生的报告非常精彩，他谈了对唐宋诗词的感受。这场报告气氛非常轻松、愉快。后面有机会向莫老师直接地提问，你们把百思不得其解的，特别有难度的问题多提一些出来，听听莫老师的高论。

莫砺锋：

同学们如果没有问题，我就跑野马地随便谈下去，我是最怕谈学问的。关于学问，我觉得痛苦无比，还是随便谈谈阅读感受吧。我想到一个问题，就是对古典作品的评价问题，我们曾经有过一种很奇特的，或者说很偏颇的评价，这也是我们阅读的时候应该注意的。刚才我们说到李后主的词，实际上不仅仅是李后主的词，即使是其他人的作品，唐诗中的，一向被我们认为是积极的、健康的，没有任何负面作用的东西，也曾经在中国学术界受到很不公正的待遇。大致上说，从"五四"运动以来，由于"五四"先贤在推行新文化运动的时候，对传统文化采取了一种全盘否定的、过激的态度，因此就产生了一种副作用，对古典文学基本上是批判的多，肯定的少。陈独秀的观点就是：古代文学就是庙堂文学与山林文学，庙堂文学要推翻，山林文学也没有什么价值，跟劳苦大众、跟国计民生、跟社会没有什么关系，一切都应该批判。这种观念随着我们国家政治形势的变迁而愈演愈烈，到1949年以后就更加发展得厉害了。我听北大的朋友讲过一个故事，以前北大有位老先生叫林庚，林庚先生在北大讲唐诗是有名的。我去年听王水照先生说，林庚先生讲唐诗讲得好，好到什么程度呢？一个学期讲完了，最后一节课下课了，有一个女同学，是王水照先生的同学，回到寝室扑到床上就嚎啕痛哭。为什么哭呢？她说，林先生的课讲完了，以后没有得听了。大家知道林庚先生的观点，他是崇尚盛唐诗的。施蛰存先生的观点与他不一样，施蛰存先生认为中唐时的诗人，自成一家的更多，总体成就比盛唐更大。林庚先生认为盛唐最好的诗人，最能代表盛唐气象的诗人，毫无疑问是李白。他一向是推崇李白的。但是在50年代，当时那种背景下，大学里的教授是不能很自由地表达自己的观点的。当时的大学生、研究生和老师的关系，和现在的学生与老师的关系不一样。现在你们最主要的任务是听老师的教导，当时的大学生更主要的任务是批判教授。在当时，就革命来说，大学里的学生，他们是革命的动力，是革命者，教授是资产阶级知识分子，是革命的对象。所以学生经常受到鼓动，去批判他们的教授。林庚先生首当其冲，因为林庚先生是权威教授。批判他关于“盛唐气象”的观点，说他没有阶级观念。后来林庚就不敢坚持自己的观点了，有一天他走到教室里讲唐诗，拿起粉笔在黑板上写了一行字：唐代最伟大的诗人——黄巢。这种观点我们觉得很荒谬。假如说黄巢是唐代最伟大的诗人，我们就不要研究唐诗了，唐诗的价值就微乎其微了。我想当时林庚被批评，一定很气愤，他是在说反话。黄巢是农民起义领袖，总不能说他不好吧。这样的情况对我们解读唐宋诗词会产生什么影响呢？产生了非常严重的影响，这是一个严重的价值判断的问题。

下面说一说我经常提到的郭沫若的问题。“文革”十年，中国大陆的出版界一共才出版了两本跟古代文学有关系的书，一本是章士钊的《柳文指要》，还有一本就是郭沫若的《李白与杜甫》。章士钊的《柳文指要》能出版，主要是他跟毛泽东的个人关系，这是特例，书里面也没有谈诗词，谈的是柳宗元的古文。《李白与杜甫》这本书，我是逐字逐句地读过的，因为当时我正在插队，没有什么书读，最大的苦恼就是没有书，不用说买了，借都借不到，图书馆都关门了。拿到什么书，就一个字一个字地读，《孙子兵法》十三篇我是全部能背下来的。我还逐字逐句地读过一本《气象学教程》。有一年得到了郭沫若的《李白与杜甫》，一开始非常高兴。读后发现，跟我自己的想法和感受完全不一样。有的地方好像没有根据地乱说一气。譬如说他对李白和杜甫的评价，他有一个基本的标准就是，李白一切皆好，杜甫一切皆坏。说到喝酒，我们知道，中国古代诗人除了苏东坡之外，大诗人的酒量都非常大。李白和杜甫都喜欢喝酒。郭沫若说，李白喜欢喝酒，好！

为什么呢？因为李白喜欢喝酒，就说明他跟劳动人民打成一片。光从逻辑上推理的话，剥削阶级也喝酒，为什么说喝酒就是和劳动人民打成一片？他是这样论证的，他说盛唐以后，凡是小酒店，酒店外面挂一块布，上面写几个字——“太白遗风”，小酒店一般是穷苦人去喝酒的，老百姓一看“太白遗风”，就进去喝上一杯，他们认可李白的传统，说明李白跟劳动人民打成一片。杜甫也喜欢喝酒，郭沫若却说，杜甫终生嗜酒如命，是一种典型的剥削阶级的生活形态。照我想，应该反过来才对。我们从他们喝的酒的酒价上考察一下，李白喝的是好酒，他说：“金樽美酒斗十千”，一斗酒要十千个钱来买。杜甫在长安时很穷困，偶然得到一点钱请朋友喝酒，“宜速相就饮一斗，恰有三百青铜钱”，杜甫喝的酒的价钱是一斗酒三百个钱，李白是一斗酒一万个钱，一比较我们知道，价格相差33.33倍。如果用今天的酒来做例子，李白喝的是茅台、五粮液，而杜甫喝的是二锅头。为什么说喝茅台的李白和劳动人民打成一片，而喝二锅头的杜甫是剥削阶级呢？这当然是不对的。

下面我们看文本解读。这本书谈到李白的一首诗，这肯定不是李白的代表作，是李白在洞庭湖边上写的《陪侍郎叔游洞庭醉后三首》，其中有这样四句：“划却君山好，平铺湘水流。巴陵无限酒，醉杀洞庭秋。”郭沫若说，这首诗好在李白重视农业生产的精神。第三句说明李白希望发展农业，多收粮食，可以酿很多的酒。由此而产生对第一句的解释，说李白真正的意思不是要把君山连根的铲掉，而是把君山铲成一层一层的梯田，可以种粮食。当然郭沫若没有说这首诗里有农业学大寨的思想，但是我们完全可以联想，联想的结果就是李白已经有农业学大寨的思想了。这样的解读符合李白么？反过来，看看他怎么贬低杜甫。郭沫若贬低杜甫的诗，就是那首我们最熟悉的《茅屋为秋风所破歌》。郭沫若逐句逐句地分析，他说“八月秋高风怒号，卷我屋上三重茅”，要注意这不是一般的茅屋，上面铺了三重茅草，铺了这么厚茅草的茅屋是冬暖夏凉，比瓦屋还要讲究。中间杜甫写到“南村群童欺我老无力，忍能对面为盗贼，公然抱茅入竹去”。茅草被风刮到河对岸，对岸的一些儿童就捡了他的茅草跑走了。郭沫若说杜甫骂捡了这些稻草的儿童是盗贼，请问，捡了诗人几根稻草的儿童是哪个阶级的子弟啊？当然是贫下中农的子弟了。可见杜甫顽固地站在地主阶级的立场上。郭沫若对这首诗就是这么分析的。当时我看了这种解读，很失望。我读这首诗的时候，有一个特殊的阅读背景，我的那个茅屋也发生了类似问题。初冬我们正在割水稻，突然刮了一阵大风，有社员跑过来说，老莫啊，你们的茅屋被刮坏了。我们就赶紧跑过去看，结果是我比杜甫要不幸百倍，我的屋顶上的稻草一根都没有了，整个屋顶被掀掉了，当天晚上我们就在屋顶上没有一根稻草的房子里休息，抬头一看，满天星斗。在秋冬之际，夜观天文浪漫是很浪漫，但是非常冷。第二天早上醒来，眉毛上有霜花。就在那天晚上我重温了《茅屋为秋风所破歌》。因为太冷了，根本就睡不着。我恍惚听到一个老人在说话："安得广厦千万间，大庇天下寒士俱欢颜，风雨不动安如山！"杜甫这样的诗，表达的是对我们普通百姓的关爱。我想唐宋诗词里的好作品，它最根本的价值也就在这里，它向普通的，或者说各种各样身份的读者传递一种爱，传递当时的人们对于真善美的追求，对于爱情、友谊以及一切美好事物的歌颂，传递他们在喜怒哀乐时心灵的颤动。尽管有时空间隔，但是我们依然能受到感动。白居易说："同是天涯沦落人，相逢何必曾相识。"诗词所传递的情感可以穿透时间和空间。这正是我们今天读它的真正原因。

提问与回答

陈尚君：

在座的同学，如果有问题现在可以问了，如果现在不问，回到宿舍去哭，也没办法了。（听众笑）

学生：

莫老师您好，《文学遗产》上曾有过你的一篇访谈，你谈到文学研究一方面侧重历史，另一方面偏向哲学，你还谈到文学研究应该回到文学本位方面。时间已经过去六、七年了，不知你现在有没有可以让我们吸收营养的新见解？

莫砺锋：

谢谢。就学术研究来说，是一个无限开放的体系，不应该有任何规定的。我们的二级学科是“中国古代文学”，学这个学科的研究生，不管是硕士还是博士，大家选论文题目，假如这个题目不完全是文学的，甚至是纯粹的历史性研究，比如研究一种制度，或文化学的研究，等等，都是可以的。从宏观的角度来看，它也是文学研究的一个组成部分。因为文学是一种综合性的东西，它是写人的，钱谷融说：“文学是人学。”人是复杂的，和各种各样的东西发生联系。我们研究文学，从各个角度去看，对我们最后研究文本都是有帮助的。更何况有的东西，假如我们把它的历史状态研究清楚了，比如说“科举”，唐代的科举怎么样，宋代的科举怎么样，傅璇琮先生研究唐代科举与文学，我的老师程千帆先生写过一本小册子《唐代进士行卷与文学》。我们对历史情况搞清楚之后，可以更好地理解当时的文学现象，当时的诗人为什么写这些作品，出于什么目的。这样就间接有利于我们解读文本。但是我想说的是，作为我们这个学科，最核心的任务还是研究文学，这是它的本位。我们可以暂时的错位，有的学者可以一辈子错位，但就“中国古代文学”这一个学术圈子来说，它的核心任务最后还是要落实到文学研究上来。我们不能光在外围转，就像攻打一个碉堡一样，总是在外围打，没有攻坚到最中心的部分。罗宗强先生说过，他不喜欢一种说法，即研究古代文学就是为当代文学写作提供一个借鉴，一个经验。他认为这完全不对。我也觉得不应该这样，但是我还是要说，研究古代文学还是要有当代意识。我们的研究还是能够让古代的经典在走进当代社会方面起一些作用的。我们最应该做出贡献的是文学研究，其他的东西都是铺垫，都是打基础，解决外围问题，最后的中心是文学。我们应该有很好的选本来普及古典文学，弘扬它的精神。

学生：

请问，你怎么看我们现在创作古典诗词的意义呢？

莫砺锋：

当然有意义了。现在有很多人在写，有很多诗词协会，我个人就是江苏省诗词协会的副会长，但是我从来没有参加过他们的活动。在江苏省诗词协会里面，其中最主要的组成队伍是一批退休的老干部，我觉得在那里和他们活动没有意思，我从来不去。但是我并不否定现在的诗词写作。在我看来，诗词写作作为一种文学创作，如果说是为了使诗词从唐宋一直到元明清，再发展到我们现在，将来在文学史中记上一笔，那么，它的希望是非常小的，或者说是比较渺茫的。我在 90 年代带过一个硕士生，他是贵校的毕业生，在复旦学遗传出身的，生物系本科毕业后考到我们那里读古代文学，他太喜欢写了，他不交论文，专门交作品，专门交诗词给我看，我每次都给他泼冷水，我说你不可能成为李白、杜甫的，你赶快写论文，不要写诗词了。其实平时我们是鼓励学生写诗词的。当年我们跟程先生学习的时候，程先生规定我们每两星期交一首诗词作业，一定要写一首诗词交给他，他一个字一个字地给我们改。后来毕业了他也不要求了，我们也懒得写了。对于中文系中国古代文学专业的同学来说，这还是一项必要的技能训练，因为我们不写的话，很难体会古人写作时候的甘苦，进行艺术分析的时候，经常会说很多外行的话。我也曾听罗宗强先生说过：他最讨厌一种论文，这种论文，比如说谈某个诗人，我们一般是研究哪个诗人，就会偏爱他，把他说得很好，评价很高，而论证举出的例子恰恰是他最差的作品，这说明论文作者一点都不懂，好坏都判断不出来，这样的论文一点价值都没有。

所以对我们这个学科的人来说，同学们假如是从事这个专业的，写写诗词是一种技能训练，这是必要的，至少要掌握格律，平平仄仄不要搞错，会对仗。对一般人来说，不是搞这个专业的，写作古典诗词可以抒发情志，它是最好的抒发情志、陶冶心灵的工具，这是应该提倡的。关键是能不能使这种古老的文体焕发生命，我对此是不抱希望的，尽管我不看好现在的白话诗写作，但是我还是认为中国诗歌的出路在白话诗，而不在诗词。五四以后写诗词很好的人当然还是有的，但限于老一辈的学者、作家，像聂绀弩的七言律诗，我的师母沈祖棻的词。我们这一辈写得很好的几乎没有，但是这不能成为我们不写的理由。

陈尚君：

你有没有优秀的作品可以让我们鉴赏的？

莫砺锋：

没有。我几乎不写的。

学生：

莫先生你好！在古典诗词中，音乐性是一个很重要的因素，我想请您谈一谈有关音乐性在古典诗词中的作用的看法。

莫砺锋：

诗词在古代曾经跟音乐有过非常密切的关系。词跟音乐的关系更密切，词都有乐谱的，虽然很多都失传了。诗有很大的一部分和音乐有关。我们看任二北先生的《唐声诗》就可以知道，里面的很多绝句都是可以歌唱的。我们看古人笔记中记载的很多故事，可以知道这一点。有一个故事是高适、王之涣和王昌龄到酒店去喝酒，看到一些歌女唱歌，唱的多是他们的绝句。其中一首是高适的五言古诗中的一个段落，这说明在古代，诗词曾经跟音乐有过非常密切的关系。但是今天，现在人写的诗词，它的音乐性如果还有的话，主要表现在平仄格律所造成的韵律性，不再是歌唱的，不再入乐，是吟唱。很多人讨论过，词的文本和音乐脱离关系后到底产生了什么变化。美国一个理论家苏珊·朗格说：一首流行歌曲之所以能流行，关键原因不在于它的歌词，而在于它的乐曲。它之所以流行，关键在于它的旋律，唱起来好听，以致后来人们都把歌词忘掉了，只记住了它的旋律。在古代，词，还有一部分入乐的诗，它们的流行、传播和音乐有直接的关系，甚至依附于音乐、寄托于音乐。后来诗词和音乐分离，诗词变成案头阅读的东西。变成案头的东西后，我们更多的是关注它的文字，从文本、文学角度来研究它。现在读宋词，恐怕很少会想到它们是怎么唱的，因为现在很多乐谱已经没有了。姜白石的十七首词自注有工尺谱，好像河北大学有一个老师把它换写成简谱或者五线谱了。我是音盲，不识谱的，懂音乐的人可以照着谱唱一唱。但是大部分的谱已经不存在了，我们现在就是读它的文本。现在人写诗写词是很少考虑音乐这一点的，当然平仄还是会讲的，更根本的是由语言文字本身所造成的抑扬顿挫、回环往复、既对称又有变化的一种结构的美。很多老一辈的人会用他们的方言吟诵这些诗词，虽然听上去没有歌那么好听，他们的音乐没有那么丰富，但还是有一种音乐上的美感。这与单纯案头阅读，效果是不一样的。

学生：

莫教授您好！我也是唐诗的爱好者，我也最喜欢杜甫的诗。从杜甫的作品中可以看出，作为诗人，杜甫个性是非常完美的，心灵是健康的。其他诗人的作品写得当然也很好。但是，有些诗人，在个性方面没有达到杜甫那样完美的境界，甚至是不健康的。比如你刚才提到的李后主，好像在人格上有些欠缺。我的问题是：对于诗人诗歌作品的欣赏，归根到底是对诗人个性的认识，或者说是对诗人的认识。我这个看法，对吧？

莫砺锋：

我基本上同意你的看法。中国古代的诗歌都是抒情诗，作品中展现了诗人的自我。我们读了诗人词人的作品后，就对他们有了了解。当然说杜甫的人品特别好，宋人将杜甫确立为诗圣，有人认为这是受宋代理学思想的影响。其实不是这样。北宋人之所以将杜甫确立为诗圣，不是李白，不是其他人，关键是北宋人从两个方向确立典范：第一个是诗歌艺术，艺术上千锤百炼，经得起推敲，经得起咀嚼。第二是从人品的角度来说，在唐代找一个人品比较完美的，经得起宋人比较严厉的眼光的检验，最后他们选到了杜甫。两个方面交叉到了杜甫身上，北宋选的典范一定是杜甫，不会是其他人，这是一个必然性的东西。

陈尚君：

好，今天就到这里，谢谢大家！

汉籍东传研究法举例

主讲人：张伯伟

主持人：陈引驰

张伯伟

南京大学中文系教授，南京大学域外汉籍研究所所长，主要从事中国诗学和域外汉籍研究。曾在日本京都大学文学部、京都大学大学院、韩国外国语大学校中文系访问研究。现任韩国东方诗话学会理事、中国古代文学理论学会副会长、江苏省比较文学学会常务理事。著有《禅与诗学》、《锺嵘诗品研究》、《中国诗学研究》、《临济录》、《中华文化通志·诗词曲志》、《全唐五代诗格校汇考》，编有《程千帆诗论选集》、《中国诗学》、《朝鲜时代书目丛刊》、《域外汉籍研究集刊》等。

陈引驰　复旦大学中文系教授，研究领域为道家思想与文学、中古佛教文学、古典诗学以及近代学术史。

陈引驰：

张伯伟教授在中国古典文学，特别是中国诗学方面，可以说是最好的学者了。他有很多的著作，最早从1992年我拜读他的大作《禅与诗学》、《中国诗学研究》，然后有《中国古代文学批评方法研究》，还有《全唐五代诗歌汇考》，一开始叫《校考》，后来叫《汇考》，这个工作，大家都非常熟悉，大概有十年时间了，十年前张伯伟教授开始关注域外的诗学，一开始可能是诗学的研究，诗学的这些著作，那些典籍，在韩国和日本那些汉文的典籍，现在这个规模越来越大了，不仅仅是诗学，各个方面的有关的经典，域外的这些经典都纳入他的视野当中。他在南京大学域外汉籍研究所的办公室和图书馆，我有幸参观过，真是琳琅满目。学术研究，基本上一个是新材料，一个是新问题。张教授当然有新材料，因为我们以前不够关注的、不够注意的新材料非常地多，然后也发掘了很多很多的新问题，应该讲这是一个非常广阔的领域。张教授现在这方面有很多的论文，特别是他主持一个域外汉籍研究的集刊，已经出了三辑，有很好的反响。今天我们非常高兴，张伯伟教授到这里来给我们作有关的报告，可能是一个非常新的，能引起大家兴趣的报告，《汉籍东传研究法举例》，下面我们就欢迎张伯伟教授。

张伯伟：

好，各位老师、各位同学，我今天要讲的题目是《汉籍东传研究法举例》。16世纪以后的一些西方文献当中，它们在讲到中国人的时候，常常会提到中国人有某种“自负”，这是一种什么样的自负呢？它们说中国人认为，世界上只有自己是有两只眼睛，欧洲人呢，只有一只眼睛，而其他地方的人呢，全是盲人。这样的文献记载见于英国人、葡萄牙人，当然，也有一位法国人，很有名的伏尔泰，他也曾经非常谦逊地认同这种说法，他说：“他们（指的是中国人）是有两只眼睛的，而我们（是指欧洲人）只有一只眼睛。”从理论上讲，中国人有两只眼，所谓的两只眼，一只是用来观察自己的，一只是用来观察他人的。作为中国文化的一个基本价值，就是“仁”，“仁”这个字就是二人，它的古文，“𡰥”，所以“仁”这样一个概念本来就是在自我和他者之间展开的，本来就是在“二人”之间展开的。然而，当大汉帝国雄峙于东方的时候，这样的两只眼实际上所成就的不过是以自我为中心的天下蓝图。政治上面的册封，贸易上面的朝贡，军事上面的羽翼，以及文化上面的四敷，通过这样的过滤网，人们所看到的，除了自我，也只是自我在对方身上的投影。所以，这跟用一只眼睛去观察事物、看到的除了自己以外什么也看不见，又有什么样的本质区别呢？

从13世纪以后，陆陆续续有一些欧洲人来到中国，记录下他们对于中国的印象和感受，于是在他们的心目中就有了一个区别于自身的他者，所以就逐渐地获得了第二只眼睛，用于观察它的近邻，观察远方，不仅如此，他们还使中国人擦亮了第二只眼睛。不过，这是在经历了近代历史血和泪的淘洗，才使得中国人逐步地认识了世界，也渐渐地看清了自己。当然，同样承认中国人有两只眼，在德国人莱布尼茨看来，中国人还缺一只眼，缺一只什么眼呢？缺一只欧洲人的眼睛。这是一只什么样的眼睛呢？这是一只用来建立一门精密科学以及观察那些非物质存在的“眼”。所以我想把它推而广之的话，如果在美国人、在阿拉伯人以及在我们周边的国家地区的人看起来，这样一个形形色色、林林总总的中国，可能得出来的印象是色彩缤纷、长短各异的。我也觉得中国人是缺一只眼。什么样的眼呢？这只眼就是，用异域的人观察中国的眼睛来反观自身的第三只眼，我们也可以把它称作“异域之眼”。一些海外的汉学家，常常把自己观察中国的目光称之为“异域之眼”，其实异域之眼常常也是独具只眼。就这个异域之眼对中国的观察来说，就其观察时间最久、范围最广、最深入、最细致，因而价值最高的，我觉得应该是我们的近邻。这除了以所谓的“朝天”、“燕行”、“北行”，或者是所谓的“入唐”、“入宋”、“入明”等等的记录这样的专门文献之外，现存于整个汉文化圈地区的大量的汉籍，展现的就是异域之眼中的中华世界。这批域外汉籍可以说对中华文化的每一步发展都作出了回应，对中国古籍所提出的问题，或者是照着讲，或者是接着讲，或者是对着讲，总而言之，它展开了一幅不间断而又多变幻的历史图景，这就是若干年来我所关心的域外汉籍的问题。

我是一个文学研究工作者，如果纯粹是站在域外汉籍跟文学研究关系的立场上来看，那么我觉得在五个方面可以展开新的图景：首先是典籍的流传；其次是文人的交往；再次是观念的渗透；再往下是读本的演变；再往下是典范的建立。我曾经大概归纳过这样五个方面的工作意义，首先就是典籍流传的问题，所以我今天要讲的就是这样的一个问题。汉籍东传，所谓的东传，主要是指传播到朝鲜和日本，我们要研究这个典籍的东传，有哪些书可以用，在某类书里面它运用的限度以及需要注意的是什么，这是我今天要讲的内容，所以总的题目叫做《汉籍东传研究法举例》。我根据自己的想法，归纳成十个方面，从十个方面举出例子，当然，时间非常的有限，所以我也只能讲得非常的概括。我初步打算用一小时二十分钟的时间把我要讲的内容概括地讲出来，剩下来的时间可以跟大家讨论。

这十个方面，我现在就一一地讲来。

第一个方面，根据书目来考察。

书目是关于一时一地一人的藏书、刻书、售书状况的记录，根据书目就能够很清楚地知道有什么书传入。我大概是这样子讲，就是一个是朝鲜，一个是日本，我分开来讲，首先讲朝鲜的，然后再讲日本的。朝鲜时代的书目很多，我自己大概看过八十种的样子，从里面曾经选出了二十六种较有价值的，把它编成了一部书，叫做《朝鲜时代书目丛刊》，并且根据我自己对于这个书目的理解，把它划分为四个方面，就是王室书目、地方书目、私家书目跟史志书目。每一种书目，它的意义是不一样的。比如说王室书目，它是代表王家图书馆里所藏的书目，所以根据王室书目，我们就很容易知道它所藏的中国书的总体规模是什么样子的，我们可以看《奎章总目》。第二，根据王室书目，我们可以知道王室求书的导向。他买什么书，他想求购什么书，就是代表了他的主导思想。比如有一部书目叫做《内阁访书录》，就是要到中国去访求哪些书的目录，我们从这个里面，就可以知道他的一个主导倾向是什么，主导思想是什么。第三，根据王室书目，我们可以看出来，在朝鲜的书目当中，他对中国的哪些书进行了翻刻、进行了摘选、进行了评点。因为他们当时是把书分成“华本”跟“东本”两个系统，作这样的区分有两个意义，第一个意义是便于检索，第二个意义是以寓贵贱，华本是贵重的，所以要放在橱子里面，而东本，就是朝鲜本，就不需要放在柜子里面，插在架子上就可以了。这里面有好多的书是朝鲜人对于中国的一些典籍的选本或评本。我们去看，他对哪些书作了选本，哪些书作了评本，就可以看出他的兴趣在哪里，因为我们不仅仅是看一种书的流传，还要看它传入以后有哪些反响，产生了哪些效用。这是王室书目。

私家书目，朝鲜时代的私家书目并不是非常的多，跟中国比起来，中国的私家藏书规模很大，而在朝鲜，如果说一个人藏三四万卷书的话，那已经是相当不错了。所以私家书目的数量也不是很多，但现存的朝鲜时代的私家书目往往都是带有解题的书目，所谓解题，就是对于一本书作出一个评论，那么实际上也就反映出他对中国书的一个评论。这里面的内容非常丰富，我没办法在这里一一地展开，但是我要说，虽然朝鲜时代的私家书目的数量不多，但是它的价值非常的高。

此外还有地方书目，地方书目又可以分成两种，一种叫做册版目录，一种叫做校院目录，所谓“校”指的是乡校，“院”指的是书院。还包括一些寺院的书目，也都是属于地方书目。我们通过地方书目，可以了解到中国书籍在民间的流传状况。从王室书目我们可以看出一代的藏书规模，可是它在民间流传的情况怎么样呢？如果我们去调查一下民间的书目，我们可以知道，在朝鲜时代民间流传最广的中国书籍，是什么呢？一类是儒学类的书，第二类属于医书，第三类可能是一些蒙学读本，这些都是以实用性为主的。看一下这个书目，我们可以知道，有哪些书传进去了，哪些书传得最多，哪些书被印刷的数量跟次数最多，从而我们可以知道，哪些书是最流行的。这是很概括地讲一讲朝鲜时代的书目。

日本的书目那就更多了，跟我们的这个典籍东传相关的书目有这样几类。一类叫做请来书目，主要是入唐的僧人从中国把一些佛教的书籍、像器、图画“请回”日本，所以叫请来书目。这个请来书目里面除了佛教书籍以外，也就是内典书以外，它还有很多外书。值得注意的是这样一些情况，他们常常会记录这些外书是在中国的什么地方抄来或买来的。比如说圆仁，他有一本《入唐求法目录》，这里面有一些是关于诗学方面的书，他最后有一个总结，这些书是哪里得来的呢？是在扬州寻访诸寺所抄来的。在他的另外一本目录里面，也同样著录了很多诗学著作，这些书又是从哪里得来的呢？这些书是从长安的兴善寺、青龙寺等等一些寺庙里面求得的。寺庙里面有很多的诗学著作，这是非常耐人寻味的问题，限于时间我不把它展开。这是所谓的请来书目。

在日本的书目当中，跟书籍流传关系最为密切的是什么书目呢？我想指出来这样几种。第一，舶载书目，这是日本江户时代特有的一种书目。当时中国有很多的船，这些船有的是南京号，有的是宁波号，有的是福建号，其实都是从浙江的乍浦开到日本长崎，这里面就带有一些书，对于所有的书，都要作一个记录。记录的目的，本来是为了防止那些宣扬天主教的书传入日本，因为当时他们是锁国时代，所以他要对每本书作一个记录。然后需要呈报上方，相当于一个宣传部的机构来管理、来检查，检查这个书有没有问题。为了便于检查，就要有人写一个提要，就叫做大意书。如果没有什么问题的话，这些书就在当地的市场上进行拍卖，就有一个拍卖的书目。最后，有一个被某书商买定了的、最后落定价格的书目，所以这些书目我们给它一个总称，叫做舶载书目。这批书目详细地记录了每一本书，它是在什么时候、由哪一条船、船主是谁把它带到了日本。所以我们利用这样的一批书目，就可以很清楚地知道，什么书，在什么时候，从什么地方，通过哪一条船带进去的。在这方面作出最为卓有成效的研究的是日本的学者大庭修，他专门写过一本书，就是《关于江户时代唐船持渡书之研究》，只是这个研究并没有在那本书完成之后就告终结，它里面还有很多内容可以作进一步的研究。

其次，我觉得很有意思的是什么呢？就是刊刻书目。江户时代有很多的书店发展起来了，所以每一家书店印什么书，就有一个刊刻书目，有一点像营业书目，不过营业书目有时候他所卖的可能是别家出版社、别家书商印的，刊刻书目是他自家刊刻的。所以我们看这些刊刻书目，它印了哪些书，这也非常的有趣。在日本，曾经印过很多江户书林出版书目。我个人也曾经搜集过一些类似的书目，都是一些很小的书店的，他的本钱不是很大，一些小书商们刻的书目。不过，我觉得更有意思，为什么呢？因为他的本钱比较小，所以他一定不会去做那些长销书(可能要积压)，他一定去卖一些最能赚钱的书。他印哪些书，就说明这些书在当时是最为畅销的，那么你可以作进一步的研究，为什么这个书是最为畅销的。

我现在很简单地举了朝鲜和日本的书目。当然，在中国，也有一些朝鲜和日本的书传到中国来的，中国人也作一些日本书目、朝鲜书目，中国人作的，就是这些书传到中国来了，代表之一是刘喜海，他比较有名的书是《海东金石考》，当然他也曾经作过朝鲜书目和日本书目，你们比较容易见到的是在《四库简明目录标注》那个书的后面，附了刘喜海的朝鲜书目和日本书目。简单地讲，大概就是这样。这是从书目去看书籍的交流。

第二个方面，我们可以从史书去看书籍交流。

史书可以说是对社会状况的全面记录，跟书籍相关的史料，包括私赠、购买、刊刻、奉献等等，这些都在史书当中有记录，当然最为集中的记录是在所谓的《艺文志》、《经籍志》中，《艺文志》、《经籍志》我们可以把它们归到史志书目里面，在这里我们就不谈，我们就讲在史书里面记录到的中国书籍的流传，这样的内容其实非常非常的丰富。中国书籍什么时候开始传入朝鲜，什么时候开始传入日本，这都在史书里面有详细的记录。另外，日本人跟东国人（朝鲜人），他们到中国来，他们要买书，这些也都有记录。比如说，新罗人到中国来买书的钱，是由新罗的国王赐给他们的。日本的学问僧也好，一般的僧人也好，他们到了中国以后买书，基本上是把中国皇帝给他们的赏赐变卖掉，然后贸书以归，这个都在史书上面有记录。在《朝鲜王朝实录·世宗实录》里面有一则记载，当时，有一个使臣要到中国来，世宗国王给他下一道命令，你到中国去要买一些什么书，给他开出了书目，然后就跟他讲，如果皇帝赐给你这些书的话，你就不需要去买了，假如皇帝不赐的话，你不可以强求，这是第一；第二，假如你要买书的话，你一定要一式两份，要买两种。为什么呢？防止脱落，以备脱落；第三，买回来以后，我们要挑最为实用的，把它翻印。所以从世宗时代到中宗时代，当时翻印的情况是什么样子的呢？史书上说是“秘府之内，无书不藏，士庶之家，无书不布”，书非常之多，结果就是所谓的“书典之至，日益月增，自东国以来，文籍之多，未有如今日之盛也”，就是这个书非常的兴盛。这些都是在实录里面记录下来的。有些史书是属于私家的，举个例子来说，朝鲜时代有一位李德懋，他写过一本书叫做《磊磊落落书》，其实就是一个明遗民传。明清鼎革之后，朝鲜人对于明王朝有深切的怀念，所以好多人去写明遗民录，这个明遗民录所使用的材料，在它最前面有一个引用书目，我们从引用书目中可以看出来，有哪些书传过去了，而现在我只是作了很少的一部分对比，我发现，这些书跟中国现在流传下来的一些书，同样的一本书，还是有很多文字上面的差异，或者是段落上面的存佚，有这样的一个情况存在。

日本的情况也差不多是如此，在史书里面记载了汉籍传入，大概最早的时候是日本征伐新罗，把新罗的一些图籍收到日本去了。通常认为，最早的中国的经史方面的典籍是在公元285年，百济时候一个叫王仁的到日本去，把中国的一些经史典籍带到了日本。在这一类的书籍里面，除了日本的一些正史以外，还有一些是属于私史，里面都有一些关于书籍交流方面的记载。所以在史书方面能够提供很多书籍交流的信息。有时候中国的有些书籍传出去以后，在中国亡佚了，就会希望它们重新回归中国。这在高丽史里面有记载，元祐的时候，宋代的皇帝曾经向高丽去征求一些书。另外在日本方面，主要是把在中国已经失传了的天台宗的典籍，向日本征求，让日本重新把它带进来。这个书籍的交流，尤其是在佛教方面的积极交流，本来是个非常普遍的情况，也是一个很正常的情况。为什么要交流呢？就是为了要"求法"，经之所在，法之所在，所以佛经会这样的流传。不过我看当代的日本学者，有的写到这个方面的问题的时候，心理有一点奇怪。我们可以先看一看中国方面的，宋代的一些史料，讲到佛教的时候，许多佛经在唐五代的时候流到外国，当时由于中晚唐的一些"法难"，佛教的典籍被烧毁，所以"或尚存目录，而莫见其文，学者思之，渺隔沧海"，那么后来有一本书被日本和尚带回到宋朝，带来以后，"虽东国重来，若西乾新译"，虽然是从日本重新回归中国，但给我们的感觉是什么呢？就好像是刚刚从梵文把它翻译过来的一样，表示我们很珍视。有一位日本学者，也是一个很有名的学者，他作了这样一番议论，他说"顾惜声名而又自视颇高的中国人，此时也不顾家丑外扬，屈尊向日本和高丽求书，结果使得一宗之教籍复还中国"，我觉得这种心理有些让人难以理解。无论是入唐求法，还是把典籍重新回传中国，所表现的是中日僧人的那种共同的"弘法"观念，这种精神其实是值得我们效法的。这是我讲的第二个方面。

第三个方面，根据日记来考察。

朝鲜方面的日记，我这里特别想提到的是《朝天录》和《燕行录》。差不多从14世纪后期开始，高丽的使臣到中国，他们常常要按日记录在中国的所见所闻，那个时候他们把明朝称为"天朝"，所以那些书都命名为"朝天录”。到了清朝入主中原以后，他们认为清朝也不过是个夷狄，不能称它为“天”，所以就叫做“燕行录”，“燕”代指北京，就是他们到北京的燕行记录。这些人到了中国要买书，买书就要有个记录，这个记录里面有一些非常值得注意的东西。比如说，他们特别注意当时所谓的“违碍书目”，也就是禁书。在中国属于禁书的，朝鲜人就觉得特别有意思，特别感兴趣。喜欢跟中国人谈，你有没有什么禁书，能不能把它卖给我，比如说顾亭林的集子，这个是属于禁书，所以一定要找一个书商，无论如何要设法把它买来。又比如说钱牧斋的集子，非常有趣，在燕行的使者当中有很多跟中国人的交谈，在这些交谈的对象当中，有的是王公贵族，比如说铁保，跟他谈钱牧斋的集子。铁保说，钱牧斋这个人“大节已亏”，不过像钱牧斋的书，将来恐怕还是会流传下去的。这个话是怎么说起来的呢？是有一个朝鲜使臣把自己写的诗给铁保看，然后说，请你给我评论评论。铁保就说，你的诗有钱牧斋之风。这个人是徐浩修，是主撰《奎章总目》的，他很敏感，立刻就说牧斋集是禁书，阁下从何而见？铁保回答说，“禁书之法，只公府所藏而已”，公家图书馆里是不藏的，“至于天下私藏，安能尽去？”他讲得很清楚，所以所谓的禁书也只是公家，而管不到私家，这里就透露出这样一个信息。再其次，使臣跟一些普通的老百姓、普通的读书人之间来讨论钱牧斋的集子，他们都说，钱牧斋这个集子现在虽然是禁书，如果把它藏匿的话，到以后可以卖个好价钱。有时候讨论到一些禁书的时候，比如说《剩人和尚语录》，这本书当时属于禁书，朝鲜使臣到了中国，就问中国人，这本书你家里还有没有，回答说，已经烧掉了。他就继续说，你不要推托嘛，这本书如果你让我带回朝鲜，就好像是“昆岗之玉”，像昆仑山上的玉一样，保存在我们那里，千载之后如果求文献于海外的话，那简直是一桩美事，所以你还是不要掩饰了，最好把这本书给我带回去。这件事非常有趣，他们讨论当时的禁书问题，特别对禁书感兴趣，而由于它是日记，所以我们可以看出来，关于禁书的讨论是什么样的过程。比如说，一开始讨论禁书或者是讨论一些敏感话题的时候，就掩口不谈了；顺治时候是这样，再往下一点，到了康熙时候，看看四周，无人的时候，嘴巴讲不行，他就用笔写，写下来以后就马上把它烧掉；再到了乾隆年间，写完了以后就用墨把它涂掉；再到了嘉庆年间，写完了以后就拿回去了。我们从这里面就可以看出，文网是怎么样由密而疏，统治开始可能非常有力，到后来其实是慢慢地弛缓了。

至于日本，从唐代开始，圆仁写的《入唐求法巡礼行记》就是一部日记。成寻也有《入天台五台山记》，也是一本日记，这是宋代。明代像策彦有《入明记》。在这些书里面，都记录有他们购买的中国书籍。我们通过这些日记，就知道哪些书是通过什么人、什么时候买进去的。当然，日记除了有朝鲜人、日本人写的以外，也有一些中国人写的。如果一个中国人跟朝鲜人、日本人有交往的话，那么在他的日记里也会记录，我曾经把什么书送给什么人，这也是书籍交流的一个记录。我们现在可以看到的材料比较丰富的就是董文焕的《岘樵山房日记》，书目文献出版社或是北京图书馆出版社根据他的手稿影印出来的。这是我讲的第三个方面。

第四个方面，根据文集来考订。

我们首先来看朝鲜时代，朝鲜时代的文集是非常之多的，现在已经把它影印出版的有《韩国历代文集丛书》三千册，太多了。我曾经购买过《韩国文集丛刊》，到目前出版到三百五十册，一册相当于《韩国历代文集丛书》的四册。我们可以根据这些文集里面的内容，比如说《读陶渊明诗》、《读李白诗》等等，从标题也可以看出来有哪些作品、书已经传过去了。其次，我们可以根据诗文的内容来推测，哪些书什么时候已经传过去了。文集当中有一些是跟书籍交流直接相关的文献。比如说，朝鲜时代有一篇《赴京使臣收买书册印颁议》，就是说，这些书都是到中国买回来的，现在要印刷这些书，它就举出了好多种书需要印的，那么，在这些书里面，哪些书应该最先印出，哪些书是其次印出，哪些书是不必印出。我觉得非常有趣的是，在不必印出的书里面有一种是《杜诗注解》。为什么不必印出？不是因为它不重要，而是因为流传太多了，你要印的话就卖不出去了，因为很多人都有了。由于中国典籍的传入，所以中国典籍也就成为域外文人仿效的样板，经常要仿照这些书，也要使用这些书中的典故，我们从这些作品当中可以看出，他用的是中国的什么书。比如说，我曾经考察过朝鲜时代的一些文人，他们所使用的一些《文选》里面的典故，很显然，我们可以看出来，他所使用的《文选》基本上是五臣注的《文选》，而不是李善注的《文选》，也就是说，五臣注的《文选》在朝鲜时代要更为流行，而李善注的《文选》就没有那么流行。举一个例子，有一本书叫做《於于野谈》，记录了这样一些人，一个叫做柳根，一个叫做李好闵。柳根在当时算是一个文章写得非常好的人，所以别人写的文章，他常常要去看一看，挑点毛病，然后叫你改一改。这个李好闵写了一篇文章，里面有一个字，左边一个“合”，右边一个“欠”，读 xí，柳根看了以后说，这个字是什么字，恐怕你生造的，请你改一改。李好闵就讽刺他了，没想到你连《文选》都没有读过。这个字就在《文选》里面，班固《两都赋》的《东都赋》和张衡的《西京赋》里面都用过这个字，李好闵说这个字就是古代的“吸”字。把这个字解释为“吸”的是五臣注的解释，李善不是这样解释的。所以我们可以从这个字的解释里面知道，当时流行的是五臣注的《文选》本。

除了这些别集以外，当然还有一些总集、选集，选集里面有注释。在座的查屏球教授曾经整理过高丽时代编的《十钞诗》。这个《十钞诗》非常有趣，因为据说是从唐人的集子当中直接抄出来的，所以我们从这一句话里面可以知道，它所抄的那些集子当时都已经传入高丽了，而在注释当中也有很多值得重视的文献，其中有一些文献在中国已经失传了。

关于日本方面的，我就不作举例了，反正性质差不多。

第五个方面，根据诗话来进行考察。

韩国和日本历史上都有不少诗话，这些诗话大部分都是用汉文撰写的，诗话的形式当然来自中国。韩国的诗话，一位韩国教授曾经编过《韩国诗话丛编》，从高丽时代开始，一共有一百二十六目，一〇五种。日本的诗话，在大正的时候也有人编过《日本诗话丛书》，里面收录六十四种，大概一半是用汉文撰写的。这六十四种里面有一种是朝鲜人徐居正的《东人诗话》，可能是因为当时朝鲜是日本的殖民地，它带来了一种殖民者的心态，把朝鲜人的诗话也放到了日本诗话里面。六十四种诗话之外，我曾经继续去搜集，现在搜集的大概也差不多有一百种左右，所以我准备把它编出来，编成一本日本的汉文诗话。在这些诗话里面，我们可以看出，它讨论了哪些中国文学，哪些问题是讨论得最为热门的，当然在不同的时代有不同的重心。从这些诗话里面，我们也可以看出中国书籍的传入，以及哪些书籍在什么时代是最为风行的。

跟诗话相关的，第六个方面，就是笔记，根据笔记来进行考察。

笔记跟诗话在体制上有很多接近的地方，我们现在去看朝鲜时代的书，当它们讲到笔记的时候，常常也包括诗话在内，我现在举一个例子。16世纪时候的沈守庆，曾经写过《遣闲杂录》，他给《遣闲杂录》写了一篇"跋"，里面是这样写的："古今文人著书杂记多矣，余所得见者，《南村辍耕录》、《酉阳杂俎》、《诗人玉屑》、《鹤林玉露》，及前朝李仁老有《破闲集》，李齐贤有《栎翁稗说》，我朝徐居正有《太平闲话》、《笔苑杂记》、《东人诗话》，李陆有《青坡剧谈》，成伣有《慵斋丛话》。"他举了好多例子。可见，他是把笔记跟诗话混为一谈的。本来笔记跟诗话在文体上就有很多的接近，所以郭绍虞先生在《宋诗话考》写完后，他自己写了一些绝句，里面有一首是这样写的："醉翁曾著《归田录》，迂叟亦题涑水闻。偶出绪余纂诗话，论辞论事两难分。"写诗话是写笔记的绪余，所以在文体上面是非常的接近的。诗话里面"论辞论事两难分"。在朝鲜的这些笔记里面，我觉得比较有趣的是什么呢？是笔记里面所记录到的买书的状况。比如说，有一本《雪岫外史》记载，乾隆末年(1799)朝鲜使臣到中国，他们接受了朝鲜国王的命令，是说你们到中国后，要购买朱子书的善本。可是他们到了琉璃厂，到处都找不到，怎么办呢？最后找到了纪晓岚，"示其书目要求"。纪晓岚就"援笔注诸书凡例、撰书人姓名，无不备详"，他们佩服得不得了。然后纪晓岚说，这些书虽然入了《四库全书》，但是并没有刊行，不可得也。他们就问，有没有什么办法买到呢？纪晓岚说，这里有几种是在南方某门生家，所以我写个信让他帮你买。不过告诉你，现在中国的学问风气已经变了。变到哪里了呢？变到《尔雅》、《说文》汉学这一派了，所以那些宋学的书在北京实际上是很难买了。这是纪晓岚的回答。他们也去找了翁方纲（翁方纲也写过四库提要），记载里说翁方纲这个人不行，要比纪晓岚差一点，（听众笑）翁方纲答应帮他们买，最后也没有买来。所以作者说，要比两个人学问之博洽以及对人之诚恳，这个翁方纲比不上纪晓岚，（听众笑）翁是“不知而妄称可购，博洽与雅度，翁让于纪可知也”。这些笔记中记录到的这些内容，当然跟书有关系，也还是蛮有趣的。笔记里面还记录到好多当时的中国古董怎么样传进去，比如翁方纲家有什么古董送给他们，纪晓岚曾经送给一些什么古董，这些古董大抵属于文房雅玩，比如说砚台、笔架等等，也有些其他的古董，什么宣德炉、景泰蓝这样的一些东西。

日本的笔记里面，也有很多记载，我在这里只举一个例子。有一部书叫做《菊窗茶话》，作者雨森芳洲，是 17 至 18 世纪中叶的人，就是江户时代的人。在《菊窗茶话》里面，他有一段话讲到，学诗的人要多看诗话。这个观念跟中国人就不太一样了。中国人认为，学诗要是多看了诗话，这个诗就写不好了。学诗一定要从《诗经》、《楚辞》、汉魏古诗、盛唐诗入手，那才是正途，光看这些诗话是不行的。但是，江户时代的日本人认为，读诗一定要多看诗话，所以清代时候很多诗话流传到日本，我想是有原因的，这和他们认为学诗一定要多看诗话的观念有关，而且认为“此则古今人之通说”。所以是非常有趣的一件事情。

其实除了诗话之外，当时传到日本去的书有很多是白话小说。为什么那么多的白话小说会传过去呢？那是因为他们认为要学好汉诗文的写作，一定要学习汉语，要能够讲汉语，学习汉语的最好的办法当然是跟中国人对话，但如果碰不到中国人的话，最好就是读小说。所以当时有一个人叫冈岛援之，他汉语讲得非常好，专门写过一本书叫做《唐话纂要》，怎么学习唐话，也就是怎么样学习中国话。在《菊窗茶话》里有这样一个记录，说这个人，只有一部《肉蒲团》，“朝夕念诵”，所以说他“一生唐话从一本《肉蒲团》中来”。在江户时代，有很多的小说传到了日本去，这与他们学习汉语有非常密切的关系。

第七个方面，根据序跋来考证。

以前我注意到江户时代的日本人对于《世说新语》的注释，我搜集了很多，有将近二十种，我想把它整理后印出来，给大家看一看。我当时就想一个问题，有没有朝鲜人注释《世说新语》？我曾经问过延世大学专门研究《世说新语》的专家金长焕教授，他说没有，没有看到过。但是，我却在一篇序跋里面知道朝鲜人是作过《世说新语》的注释的，而且跟日本一样，那个《世说新语》是经过王世贞删补过的本子。那是谁作的呢？就是许筠。许筠曾经有一篇文章叫做《世说删补注解序》，他说，这本书是怎么得来的呢？是丙午(1606)春朱太史“奉诏东临”，讲到朱之蕃奉命出使朝鲜，临别之际“出数种书以赠”，这本书，就是王世贞的《世说删补》“居其一也”，“不佞感太史殊世之眷，获平生欲见之书，如手拱璧”，感到非常珍贵，“因博攻典籍，加以注解，虽未逮孝标之详核，亦不失为忠臣也”。所以我们知道朝鲜时代也有人对这本书作注释，尽管这本书是亡佚了。但是我们通过这篇序，就知道有人给它作过注释。所以通过序跋，我们就能够知道一些已经亡佚的书。另外我们也能知道，哪些书在当时特别流行，哪些书已经不太流行了。比如说在17世纪的时候，朝鲜的诗坛已经由学习宋诗转移到学习唐诗，所以有一部书叫做《宋诗钞》。《宋诗钞》已经不见了，但是留下了一篇序，这个序写道，“宋人诗集之行于东方者概鲜矣”，所以流行的宋人的诗就越来越少了，现在选这个《宋诗钞》，是根据吕氏《文鉴》、方氏《律髓》，就是《宋文鉴》和《瀛奎律髓》，“及近代燕市所鬻数种”。他说“今人才解缀五七字，便薄宋为不足观”，为什么要编《宋诗钞》，是“宋之不如唐故也”，但还是要知道所以然。从这段材料里我们可以看出这本书的编纂目的，以及它和当时诗坛的风气，我们可以从中了解到很多东西。中国典籍在朝鲜、在日本都有很多的翻刻，在朝鲜的刻本中有序也有跋，在日本也有和刻本的序跋，这些序跋里面其实也透露出很多的消息，限于时间，我就不再继续举例了。

第八个方面,根据书信来考察。

中国人和朝鲜人有很多书信往来,这些书信现在有些收集在朝鲜人的文集里,有些把这些书信专门汇集成编,有的藏在奎章阁。我知道有些书信曾经被一位日本学者藤塚邻收藏,大概二战以后日本经济比较困难,所以这些书信就卖出去了,被美国人买去了,藏在哈佛燕京学社。在这些书信里面,我们可以看出他们赠送的书以及索取的书。比如说,我看到,朝鲜很多人来跟中国人要书,一般来说中国人是有求必应,可是有些书也不一定,比如关于西学的书,特别是关于天主教方面的书,朝鲜的西学是经过中国而传入的,所以有时候有些西学的书,他们提出要求的时候,中国人给他写信说,我知道你是一个儒者,你要看这些书不过是想表示出一个君子是无所不知、以资博闻而已,但是这些书对你的心术还是有所影响的。我也买不到这些书,所以就不给你了。可以提供一些天文历算方面的属于“技”而不是“道”的部分。同时也有中国人向他们求书,特别是嘉庆以下,由于考据学的影响,他们对于东国的金石特别感兴趣,所以很多人的书信里面提出,想要朝鲜人帮他们搜集一些关于海东金石方面的材料。

日本整个江户时代是属于锁国时代,所以跟中国人之间的书信往来是非常少的,可能留存下来的书信也不会很多。

第九个方面,根据印章来考察。

有了书以后就要盖上一个印章,这好像是文人的一种雅好,所以很多人都有一些自己的藏书印,朝鲜人也有藏书印,日本人也有藏书印,中国人也有藏书印。朝鲜人有一些跟中国人不一样的地方。中国人如果买上一本书,比如以后你们买到《中国诗学研究》,书虽然是我写的,很普通,可是这一本经过引驰教授的收藏,上面有他的图章,那这本书就值钱了。(听众笑)当时朝鲜人里面,有些人心胸比较狭隘,有一部笔记叫做《林下笔记》,是李裕元写的,他当时做到宰相。他在《林下笔记》中有一段话是这样说的:我看见书册上有割去图章者,就知道这本书必定是从故家流出,心情非常怅然，所以凡所得书册是不盖我的藏书章的，就怕以后有人把我的图章给挖掉。他又说燕市购书，也即在中国买书的话，假如上面有古人的图章，这个价格就翻倍，如果这个人是有名的人，价格就更加了不得了。以此看来，可知“东俗之隘”。这对于我们考察一本书的流传会带来一些困难，最好是一本书上的图章一个一个盖下来，流传有序。尽管他这么说，其实我们现在看到的朝鲜人的书籍里面还是有不少是盖了图章的。

至于在日本，这样的图章就更多了。关于日本的藏书印，曾经出版过好多种的藏书印谱，我们根据这些印谱，是可以知道，一本书是经过哪些公家或私人的收藏，怎样一步一步传下来的。

第十，根据实物来考察。

以上我一口气讲了九个方面，这九个方面是分开来讲的，其实我们真正要做研究的时候，应该是综合起来运用，不是一个方面一个方面的。所以最后一点，我要讲，是根据实物考察。一本书放在你面前，你根据什么去考察？那就要采用综合的办法对付了。我现在举一些例子。有一本书叫《唐宋分门名贤诗话》，这本诗话在中国已经亡佚了，但是这部书现在在奎章阁里保存着。我们拿到这本书，怎么样来考察呢？首先我们可以根据书目来考察。有一部16世纪的书叫《考事撮要》，这本书里面有一个内容，是讲朝鲜八个道每个道所存的册版（可以表明印过哪些书），在庆尚道尚州这个地方就有一个册版，是《名贤诗话》。我们就知道，一直到16世纪的时候，在庆尚道的尚州还保存着《唐宋名贤诗话》的册版，证明这个地方曾经印过这部书。

接下去我们可以根据序跋来进行考察。这部现存的《唐宋分门名贤诗话》是不完整的，但是它有一篇“跋”是完整保存下来了。从这篇跋可以知道，这本书是李宗准从一大堆书里面翻到的，由于这本书非常罕见，而且翻到的是不完整的、残缺得很厉害的，所以他要当时到中国去的人买这本书，可是在中国已经买不到了。这也透露出一个信息，《唐宋分门名贤诗话》在明代的时候在中国已经是非常罕见了，买不到了。

那么这本书是什么时候传到朝鲜去的呢？我们可以根据文集去考证。查屏球教授整理过《十钞诗》的注释，这个注释里面就引用到了《唐宋分门名贤诗话》，我们就可以知道，在高丽时代这本书已经传到了东国。再往下，我们根据序跋还可以知道，这个刊行的人叫做姜龟孙，他在1485年在尚州做地方官，这本书就是那个时候印出来的。我们只要考出他是在什么时候做尚州牧的，就可以知道它是什么时候印出来的。

我们再根据史书来考察。在朝鲜王朝实录的《成宗实录》里面，我们看到了一则材料，就是这个书印出来以后，当时李克墩、李宗准就把它献给了朝鲜的国王成宗，成宗非常喜欢，于是下令弘文馆：第一，收藏这部书，第二，把里面的人物、事迹作一个注。于是在《成宗实录》里面就有一封上札，是当时弘文馆的副提学金谌上札成宗。他说，你作为一个国王，你所关心的东西应该是修齐治平之道，治乱得失之迹，你怎么可以看这些小说、诗话等可能会影响性情的书呢？像李克墩、李宗准这些人把这些新刊的《酉阳杂俎》、《唐宋诗话》献给你，本身就是居心不良，所以我们建议国王应该把这些书从弘文馆里面，从国家图书馆里面清除出去，这样一方面你能保持自己的清静心，修身养性，另一方面也杜绝了这些人臣投人主之所好的弊端。成宗大怒，他说，我当然会看修身齐家的书，但是我为什么不可以看诗话之类的书？你们这些人一定是因为我叫你们去作注释，你们怕困难，用这番话来搪塞。所以把他们的札子给驳回了。因为弘文馆的主要职责是掌管宫中的图书，金谌又是以副提学的身份来上书，我们就可以知道这个书当时一定是收藏在弘文馆里面的。

最后我们可以根据印章来考察。我们现在看到，在这本书上面，第一个印章就是“弘文馆”，即说明它是藏在弘文馆的。第二个印章是“帝室图书之章”，它是朝鲜末期的时候，当时宫内进行改制，提高奎章阁的地位，废除了弘文馆，于是就改称那些书为帝室图书，盖上“帝室图书之章”。到了日本将朝鲜吞并以后，朝鲜成为日本的殖民地，这些奎章阁里的书就归入了日本总督府，在这本书上面有“朝鲜总督府之印”。朝鲜独立以后，奎章

阁重新收回这些图书，然后把它附属为首尔大学校，所以它最后一个图章就是“서울大学校藏书”。我们根据这本书上面现存的图章，就能够知道这本书的流传之序。

我在这里举了一个例子，一本书，就是一个实物，我想说明的是，根据一个实物进行考察的时候，实际上是需要我们进行综合研究的，而我今天之所以来谈这样一个问题，我想说明的也是要以综合研究的方法来进行域外汉籍的研究。虽然开始讲的时候是分门别类，一个方面一个方面地来讲，但最终我们是想要提出来，研究是需要采用综合研究的方法。

今天讲的这个题目《汉籍东传研究法举例》，内容是很枯燥的，谢谢大家能够忍受我这样枯燥的讲话，我现在就先讲到这个地方，如果各位有什么问题的话，就继续提出来讨论。谢谢！

提问与回答

陈引驰：

张教授这个时间控制得非常好，前面曾经说过要一个小时二十分钟，我看到现在恰巧是一个小时二十分钟。他讲的内容是非常丰富的，好像十全大补，十个方面，实际上是开了千门万户，很多很多的途径，纲举目张。这里面有很多的内容，不仅仅是个方法的问题，大家肯定会很受启发。下面还有些时间开放给大家，有关的问题，各方面都可以请教张教授。

学生：

张教授您好！我想问的是，您刚才讲到日本人和朝鲜人在中国的日记里面提到，像《朝天录》、《燕行录》的日记里提到，当时他们特别注意中国的禁书，然后您举了两个例子，钱牧斋集和顾亭林集都是集部的文献，那您知道天朝对小说类的文献禁得是特别厉害，这个日记里面，他们对这部分禁书有没有兴趣？第二个问题，我想问一下，就您在日本和朝鲜的经历来说，现在中国禁书在两国翻刻的情况和保存情况。

张伯伟：

好，谢谢你。当时的禁书当然不限于集部，朝鲜使臣到了中国以后，他们关心的中国的书，所谓的禁书，当然也不限于我刚才所讲的两种。有一种书，就是李德懋的《入燕记》，可能是在1778年的时候到中国来的，他到了琉璃厂，见到很多书店的老板，有些老板是比较好的，但也有的老板为了挣钱，是不太好的。比如一本非常普通的书，只要看到朝鲜人来了，马上就把它放到橱里去，好像很珍贵的样子，本来卖一两银子的，可能就卖你五两银子。当时的中国人碰到朝鲜人，卖书就卖得贵，所以燕行使者有一个记录，他说他们看到，有时候中国人跟中国人之间在买卖东西的时候，如果卖主把价格提得很高，买方就会说了，我又不是高丽人，你这么价高干什么，可见当时卖给朝鲜人的书价格是很高的。但是有一个五柳居的老板，姓陶，是个苏州人，跟黄丕烈他们的关系也非常之好，非常忠厚。当时李德懋曾经托五柳居的主人买了一批禁书，价格也公道。这批禁书里面，我倒是没有看到有关于小说方面的，所以你刚才提到有没有小说方面的，从我看到的一些记录里面没有看到关于小说方面的记录，基本上都还是史部、子部和文集的一些书，没有小说方面的书。至于现在在朝鲜、在日本所藏的这些禁书的状况如何，我并没有做很好的调查，关于中国的书籍在日本的流传保存，应该是北京大学严绍璗先生做得最好，你不妨看看他的书。

学生：

张教授，我觉得文化的交流应该是互相的，您刚才谈了很多中国的古籍传到日本、朝鲜，那么在古代有没有这种情况，就是古籍传到东土，又返流到中国？请您以古代文人和诗学为例。

张伯伟：

当然是有的，毫无疑问是有的。我举一部非常有名的书《诗人玉屑》，它在中国历代文坛都有流传，版本是二十卷本，现在可以知道，这本书最早是从中国传到日本去的，因为在五山时期的一些文集当中曾经记录过这本书，而且我们现在能够看到，最早的日本刻本是1324年的刻本，二十一卷，现保存在京都大学图书馆里面，保存在东京岩崎文库里面。后面有一篇跋，是一个僧人写的，他写道，这本书经过了一番句读以后，更正了错谬，所以把它印出来，这是我们现在看到的域外的刻本。它的成书时间是淳祐四年(1244)，可是到1324年的时候就在日本有了刻本，然后到了朝鲜世宗二十一年(1439)，又有了一个朝鲜刻本，二十一卷，现在有一篇跋保存在朝鲜本的后面，跋的作者叫尹炯。他说，丙辰年间(1436)，将此书从国王的经筵本拿出来，请修《高丽史》的郑麟趾去翻刻，由于当时年成不好，就没有继续把它刻下去，所以到这个时候，尹炯就把它刻成了。这个本子现在在韩国不大能够看到，但在日本有好几个地方保存着。为什么会这样呢？是因为"壬辰倭乱"的时候，丰臣秀吉到朝鲜时，将此书作为战利品拿回日本去了。到了日本宽永年间，17世纪时，1639年，日本人再去翻刻《诗人玉屑》的时候，就是根据这个朝鲜本进行翻刻的。这本书首先是中国的，然后在元代的时候传入日本，然后从日本传到朝鲜，后来丰臣秀吉又把它从朝鲜夺回到日本，在日本又进行了翻刻，到了上个世纪初，王国维在日本时根据这个朝鲜本进行校勘，现在上海古籍出版社出版的《诗人玉屑》就是根据日本的刊本印出来的，里面有王国维写的校记。就是这样一个例子。

学生：

我提一个我很有兴趣的问题，刚才说的《世说新语》大概是个什么样的情况？什么时候能够整理出来？

张伯伟：

因为当时《世说新语》带有一定的口语性质，所以在江户时代作为学习汉语的教材，对《世说新语》的注释也非常多。所谓的"世说讲义"，有的是注释它的典故，多数是注释它的语词，也有注释它的历史背景的。我们的《世说新语》的注释，是到了现在学者手里，像余嘉锡、徐震堮他们的工作，注释其语词和背景等。日本江户时代的这些注释，在性质上和现代学者的工作有一点接近，尤其是关于注释语词方面的。有一点当时的口语、俗语，差不多属于中古汉语，关于它的注释在日本就形成了一个传统，所以在日本的诗话中也有很多是关于诗歌语词的注释。直到现在，日本学者写唐诗口语研究的时候，还大量引用吸收日本诗话领域的这部分成果。至少在上个世纪 90 年代之前，关于中古词汇方面的研究，日本比中国领先一步，其实它是从江户以来的一个传统，体现在诗歌语词的注释当中，体现在禅宗语录的注释当中，也体现在《世说新语》的注释当中。至于什么时候把它整理出来，我希望明年能完成，本来想搜集得尽可能多一点，但比较困难，今年又搜集到了四种，其中一种是在日本的旧书店里买的，差不多是乾隆四十几年的版本。

学生：

张老师您好！我比较好奇的是，您以前是研究中国诗学的，现在突然转向东传汉籍研究，这是出于一种什么因缘，或是一种什么学术思维的转变，能不能谈一谈这一段学术经历？

张伯伟：

我只能很简单地讲一讲。我自己觉得现在所作的研究属于"新术未明"，对新的手段还没有很好的了解，"而故步已失"，老的一套已经忘掉了，所以现在的学问是做得不好时候。但总有一个过程，有一个从头学起的过程。是的，这对我来讲是一个很大的转向，为什么？第一是兴趣；第二是有人给我算命,说我能够活九十几岁,(听众笑)如果这样的话,我想我现在还是一个小学生吧,(听众笑)所以就算从头学起也没有关系。(听众笑)这是一个玩笑话。最主要的,我觉得中国学术的发展是受到各方面挑战的。20世纪的中国学术之所以展现出希望,是因为出现了新的观念、新的材料,而现在我觉得由于域外汉籍大量的存在,被我们认识到了,这就向我们提出了古典学的重建问题。怎样去重建古典学,当然有一个目的,可以很大、很宏伟、很高尚,但怎么去做,怎样去看待这些典籍的存在?如果要向20世纪寻找一个学术渊源的话,大概陈寅恪先生当时总结了一些方面,他讲到20世纪的学术之所以有新的面貌:一个是地下和书面的传世材料的结合;一个是异族之故书与吾国之旧籍互相补证;三是外来的观念。我想域外汉籍大概可以归在异族之故书这样一个范畴里面。不过,对我们来讲,它不止是中国典籍在域外的延伸,不限于对于吾国之旧籍的补充和征引,可以说,它是汉文化之林的一个独特的存在,回到我刚才所说的"异域之眼",它是中国文化的对话者、比较者和批判者的"异域之眼"的存在,我们不仅自己看自己,我们也看别人,我们也拿别人的眼光来看我们。我想把中国的汉籍与域外汉籍作为一个整体来看待的时候,我有这样一种期待,这些材料是一些新材料,我期待从这些新材料出发,能在不同的方面和不同的层面上对于汉文化整体的意义作出新发明,这就是我为什么要转向这个领域来研究的动机和目的。如果算有什么触发点的话,那大概是在韩国买到的第一本学术著作,日本人写的《清朝文化东传之研究》。我当时非常有感触,第一,这样一个重要课题为什么没有中国学者研究?这书是写在几十年前的;第二,今天有这么多的中国学者跑到了东国,对东国的学术又有什么样的影响?这两个刺激在看了那个书以后非常之大。还有,我觉得人不能辜负自己的命运,虽然我有这样好的机会,东跑西颠地,接触到这么多的书,如果只是一个人在那里看,一个人在那里把玩,这个心态不好,有点辜负命运,所以应该让大家来看,所以我要把这些书印出来。(热烈鼓掌)

陈引驰：

我想刚才的提问其实已经表明，张教授的报告引起了大家很大的兴趣，这个兴趣已经发展了，不仅仅是对于东传汉籍的兴趣，而且是对于研究者的兴趣，钱钟书先生讲，除了对蛋的兴趣而且对下蛋也有兴趣，（听众笑）确实有很好的效果。张教授的报告是非常丰富的，刚才张教授又回到“第三只眼睛”的问题，我的“第三只眼睛”只开了一点点，已经是目不暇接了，希望以后张教授的工作让我们能够“第三只眼睛”开得更大一点。非常感谢，最后再次感谢张教授！（热烈鼓掌）

有声的中国

——“演说”与近现代中国文章变革

主讲人：陈平原

主持人：傅杰

陈平原

北京大学中文系教授，长江学者特聘教授，主要研究20世纪中国文学、中国小说与中国散文、现代中国教育及学术、图像研究。曾在东京大学、哈佛大学、香港中文大学、台湾大学等访问研究。著有《中国小说叙事模式的转变》、《中国现代学术之建立》、《中国散文小说史》、《中国现代小说的起点——清末民初小说研究》、《中国大学十讲》、《从文人之文到学者之文——明清散文研究》等。

傅　杰　复旦大学中文系教授，主要从事古汉语、古文献学研究。

傅杰：

我们文史研究院的文史讲堂现在开始了。大家对陈平原教授很熟悉，可能也有人不太熟悉，我还是简单介绍一下。陈平原教授是我们中文学科的领袖人物，他研究中国现当代文学，然后扩展到中国古代文学，扩展到中国学术史，扩展到中国大学的教育研究，在各个方面都提出了很多重要的见解，推动了各个研究领域的进展。前两年他研究现代文学，研究到“色”——《点石斋画报》之类的，后来由“色”又扩展到“声”。今天要给我们讲的是“有声的中国”。我就不多占用时间了，下面欢迎陈平原教授给我们演讲。

陈平原：

谢谢傅先生的介绍，谢谢诸位晚上来捧场。先从一个问题说起，然后再进入正题。刚才傅杰说到了这些年我的研究状态。我的研究对象虽然也涉及到古代，但大体上以晚清以降100多年的中国历史、思想、文化、文学为中心，讨论的是近现代中国。在此之前我基本上是用文字材料来研究近现代中国，包括档案、报纸、杂志、书籍等等。大概十年来，我用另外两种材料，一个就是图像的中国——以画报研究为主，另一个就是声音的中国。换句话来说，在我看来，讨论现代中国，除了文字以外，必须兼及图像和声音。文字、图像、声音三者合起来，是我们今天理解过去 100 多年中国的很重要的途径。当然，谈到声音我基本上不涉及比如唱歌、舞蹈这一类音乐性的材料。我讨论的是演说，一种在晚清以降，大概 100 多年影响中国人的日常生活以及文学表达的特殊形式——演说，作为我的研究对象。

演说里面我特别关注的是演说和现代中国人的学术表达以及文章体式的关系。大概七、八年前我写过《学问该如何表述》，借《章太炎的白话文》讨论一个问题，这就是在学者写作过程中拟演讲的状态——在书面上，在书斋里，假设自己是在跟读者对话。然后，五、六年前，我的另一篇文章《学术讲演和白话文学》讨论的是在新旧文学转折的 1922 年，在上海、南京、北京、天津这四个城市里面同时出现了一系列演讲。上海的是章太炎，南京的是梁启超，天津的是胡适，北京的是周作人。我以他们在 1922 年分别登坛做大众性的演讲，来讨论学术演讲和白话文学最终获胜的关系。2005 年我带着我的学生做了“现代学者演说现场”丛书，希望借助各种文字材料的钩稽来复原曾经有过的学术演讲的现场，把文字材料和新闻报导和档案等等结合在一起来做讨论，选择了八个现代学术史上有影响的人物来做这一类演说现场的复原。去年写的一篇文章《有声的中国：演说和近现代中国文章变革》，是我今天要讨论的问题。

二十年前，我的博士论文《中国小说叙事模式的转变》特别关注的一个问题，就是晚清以降的现代小说是如何走出说书场的。中国的小说写作早就脱离了说书，比如说《儒林外史》、《红楼梦》，但始终保持一个虚拟的说书场——“欲知后事如何，且听下回分解”。这影响了中国小说的叙事方式，所以我谈到叙事方式改革的时候，特别强调一点：拟想中的说书场的消失，是小说形式演变的关键。从说书场进入书斋，这是小说形式变化的一个关键。二十年后，我们讨论另一个问题：学者们走出书斋，面对公众发言，这个时候，他们所采取的姿态和策略。换句话说，我关注的始终是语言和文字、书斋和广场的关系。今天倒过来讨论第二个问题，就是现代中国学者走出书斋，面对大众发言，这种姿态如何影响到日后文章的变革。

先从一篇杂文说起。1927年2月，鲁迅应邀到香港发表演讲，题目为《无声的中国》。在这个演讲中，鲁迅重提十年前的“文学革命”，用决绝的口吻断言：我们此后只有两条路：一是抱着古文而死掉，一是舍掉古文而生存。在具体论述时，鲁迅用了两个形象的比喻，一个是“有声的中国”，一个是“无声的中国”。这张照片是他离开厦门之前，在岛上坟墓之间拍的。鲁迅在《坟》的序言中说：我特别喜欢坟的意象，因为埋葬过去，同时不无留恋。谈论“有声的中国”与“无声的中国”的对决，这里面，其实是把民族国家的命运和声音直接对应起来。谈论“民族”与“声音”之间的关系，这里有象征的成分。鲁迅说，人是有的，没有声音，寂寞得很。同时，也包含了五四新文化人的一个共同立场：轻文辞，重言语。诸位知道，中国传统文人是重文辞而轻言语的。五四新文化人则倒过来，重视言语而轻视文辞，从声音的角度探讨文言白话的利弊，思考民族国家的命运，如何看待汉字这个祖先留给我们的可怕的遗产。从五四开始，钱玄同、鲁迅等人都特别对汉字这个遗产表示痛心疾首。很长时间，中国先进的文化人都在考虑如何改革汉字这种工具，一直到现在，我们国家还有“语言文字改革委员会”。很多人认为，中国文化的落后是因为中国文字的问题，因为中国文字不是拼音文字，传授困难，书写困难等等。大概是80年代，电脑汉字的输入速度第一次超过英文，于是，没有人再谈废除汉字了。一直到70年代末，还有很多专家再三说：简化汉字的方案，最终必将走向取消汉字，就是拼音化，如果不是这样的话，我们就没有办法跟上世界的潮流。但是，新技术的发展解决了这个问题。今天，年轻的一辈不会想到，曾经有一个世纪，中国人有一个很大的包袱，那就是汉字。30年代，晚年鲁迅写文章，认为汉字的未来是拼音化；50年代，毛泽东的思路还是拼音化；80年代以后，汉字站住了。今天我们讨论的问题不是汉字需不需要取消，而是简体字和繁体字的问题，当然这是另一个问题，我们不说了。接着鲁迅的话头，可以讨论的问题很多，这里主要讨论一个问题就是“演说”，从“演说”入手来讨论声音和现代民族国家的关系。

讨论晚清的人，肯定知道梁启超在《自由书》里有一篇《传播文明三利器》，这篇文章用的是日本人的思路，称学校、报章、演说三者是传播文明三利器。中国的现代化进程就在这三者的结盟中推进。这个过程，我们在很多文章中提及了，我今天关注的是一个特定的领域：这三利器的结合如何影响到近现代中国文章的变革。

今天讨论的问题，是关注那些转瞬即逝的声音。这既是后世史家的责任，也是当事人的期待。诸位明白，文字寿于金石，声音随风飘逝。不管是思想启蒙、社会运动，还是文化传播、学术普及，诸位肯定都知道“巧舌如簧”的作用很大，一点都不亚于“白纸黑字”。明白这一点，我们不该忽视那些因各种因缘而存留在纸上的声音——尽管其在“转译”的过程中，不可避免地有所“损耗”与“变形”。曾经存在过的声音，是影响当代中国一个很重要的因素。可是文字留下来了，声音消失了。所以今天我们讨论曾经有过的历史的时候，重文字而轻声音，这是不得已的技术手段的限制。为了说明声音的重要性，我举的是 1902 年梁启超办《新小说》杂志，写《新中国未来记》，开篇就说：维新成功了，在上海举行庆祝大会，黄浦江两岸有各种纪念活动，每个地方有一大堆人聚在一起举行演说，各个大学的老师和学生都来参加。公推博士三十余人分类演讲中国政治史、哲学史、宗教史、财政史、风俗史、文学史等，其中又以全国教育会会长孔觉民老先生演讲的《中国近六十年史》最为精彩。所谓“孔觉民演说近世史”，速记生从旁执笔，于是有了《新中国未来记》，这当然只是“小说家言”，是寓言。文章特别强调了演说与现代国家成立之间的关系。我今天特别强调的是，演说对开启民智、普及知识、修缮辞令、变革文章、传播学术的意义；至于对建立现代民族国家的意义，今天不讨论。

首先说说“开启民智”。谈及“演说”的作用，首先不得不承认，这是一个"古树新花"。说"古树",是因为唐宋两代高僧大德讲说佛经,宋元明清说书艺人表演故事,这些都是古已有之;说"新花",是因为它是晚清才出现的一种特殊状态,就是在公众场合就某一问题发表自己的言论,说服听众,阐明事理——这后一个"演说",是舶来品,是英文 public speech 的意思。日本人在明治维新的时候转译过来,然后再传到中国。"传播文明三利器",最早的时候是日本人犬养毅说的,犬养毅告诉梁启超。梁启超的贡献在于,他强调:这个国家如果识字的比较多,报纸作用大一些;文盲比较多的话,演说作用更大。这个说法,使得晚清在北京、上海等地,无论保守的、革命的、维新的,全都关注演说。演说不仅仅是革命家论述的对象。我们不能只记得秋瑾的演说,其实,北京城里皇城根下也有各种各样的演说。

早年的演说,有两种最关键的推动力量,第一种是国内的一些教会学校,有一门课,就是演说,这是基督教教义的特点;第二种是日本的留学生和游学生。为什么分别"留学生"和"游学生",因为,那时有好些人在日本是没有进学校的,或者是提倡革命、或者是避难、或者是做生意等等,这些人受当时日本风气的影响,也在谈演说。这两部分人,在晚清成为提倡演说的主体。学校起了很重要的作用。我举一个跟这比较近的例子,是南洋公学。1901 年,蔡元培出任南洋公学特班总教习,特别强调培养学生们的演说能力。他认为,现代社会领导或发动群众都必须要长于言语,只会写文章不行。于是设立各种小组,要求学生们练习演说、辩论。蔡元培亲自指导,特别强调方言非一般人通晓,一定要学普通话。换句话说,蔡元培要求学生:第一必须学普通话,第二要在大庭广众之中发言,不要总是猫在家里写文章。这种变化,以后很明显。

晚清有众多关于演说的好处的论述,其中我举一个例子,就是鉴湖女侠秋瑾。秋瑾在 1904 年写了一篇文章叫做《演说的好处》,认为演说有五大好处:第一样好处,是随便什么地方,都可随时演说。第二样好处,不要钱,听的人自然多。第三样好处,人人都能听得懂,虽是不识字的妇女、小孩子,都可听的。第四样好处,只须三寸不烂之舌,又不要兴师动众,捐什么钱。第五样好处，天下的事情，可以借助演说而晓得。这是秋瑾的《演说的好处》。

厮役演说

大概在 1902 年到 1904 年，国内外的一些报纸杂志上，也有好多提倡演说好处的文章。我找了一幅图，特别能说明问题。那个时候的帝都，也就是北京，在提倡女学方面是比较落后的，因为天子脚下有各种顾忌。而 1907 年的《益森画报》中的《厮役演说》，说的是位于京师西四牌楼毛家湾的一个女学堂，每当下午的时候，学生们来这里上课，那时候怕女孩子在路上被人打扰，于是规定有大人或仆役帮助接送。接送之后，大人或仆役们没事情干，就在门口站着。耳濡目染，仆役开始也来演说，演说读报的好处。诸位，在一个女校的前面，一个仆役拿着报纸面对公众演说读报的好处。一般人演说不奇怪，连仆役都开始演说，就像某位保姆到复旦来演说，或者像报上说的，一个保安到北大讲《论语》一样，这会成为新闻。问题是，我关注的是另外一点，画这个画的人没有想到，但今天阅读的时候突然间感觉到很惊奇，它把学堂、演说和报章这“传播文明三利器”在一幅图像上完整地体现出来了，这可以作为晚清新学的一个缩影。

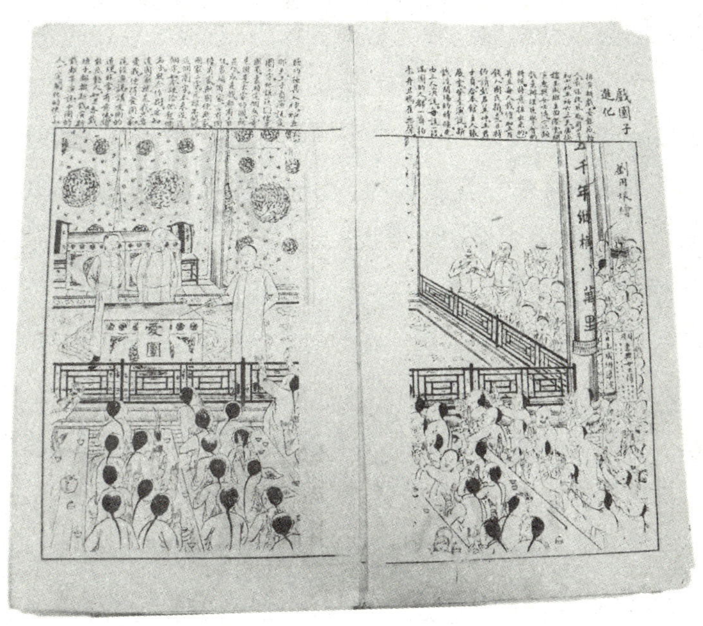

戏园子进化

另外这一幅是在1906年的《北京画报》上的，题目是《戏园子进化》，说的是这三个男人都是当时的著名人物，他们在演戏之前开始发表演讲，接下来议论说，每一次戏剧演出之前，都应该有人来演讲。这样的话，戏剧是娱乐，前面的演讲是教育，教育和娱乐相结合，何乐而不为？念现代文学的人都知道，晚清在戏剧改良中出现了一个特殊的角色，就是“言论小生”。言论小生的责任，就是在戏剧中，根据时事随时随地发表政治见解。这种演说，在辛亥革命之后逐渐退去，但此前特别流行。

再好的演说，因为时间流逝，声音飘荡，再也不能够传播了。演说在我们录音或录像设备发明之前，只能局限在一个很小的范围。因此刘师培在

1904年专门写文章《论白话报与中国前途之关系》，特别强调两个问题：第一，各省方言不一样，演说受限制，在上海演说，如果用吴语的话，北京人听不懂。怎么办？所以要推广普通话，大概意思是这样。第二，演说必须要把它写下来，这样可以给外面的朋友们阅读。因此，刘师培提出一个问题：演说如何和白话报刊结盟？幸亏是有了秋瑾、刘师培等人的思路，我们今天借助于遗留下来的演说稿以及在报章上登的演说，才能复原晚清到民国年间在大江南北出现的各种各样的演说。当然，有的只是简单的记录稿，有的需要各种材料才能综合呈现，但大体来说，我们能够理解晚清演说的状态，其中包括面对下层社会的演说，这一点在李孝悌《清末下层社会的启蒙运动》中有所论述。

第二，讨论演说的各种面相。在当时的报纸上，关于学习演说，有两种思路，一种强调从欧美学，一种强调从日本学。其实没有很大的区别，因为日本人先接受欧美的演说经验，然后在日本建立演说学校，训练学生的演说才能。当时的报纸上提倡演说，唤醒国民，很多人都学习日本，有人提出通过木户孝允和大久保利通这样的明治维新英雄来学习演说。但是，讲日本经验，与其推崇木户孝允和大久保利通，还不如表彰福泽谕吉。后者最早将英文的speech译成“演说”，他的论著，如《劝学篇》、《文明论概略》等都谈到演说问题。所以，在日本提倡演说最有影响的是福泽谕吉。

前面说过，关于清代下层社会的演说，我与李孝悌《清末下层社会的启蒙运动》的不同之处在于，强调政治动员之外的演说。我关注的是关于学问的演说，这涉及到我以前做过的一篇文章——《关于〈章太炎的白话文〉》。章太炎是晚清最喜欢写古字的国学大师，所以章太炎的文章挺难读的。1919年胡适《中国哲学史大纲》出来以后，送给章太炎，章太炎写了一封信，这封信现在在中国社会科学院近代史研究所。信中说：你的书收到了，你讲庄子的那一部分很不对。日后胡适在台湾修订《中国哲学史大纲》的时候，把庄子等同于进化论的东西去掉了。这就是早年章太炎信中的批评。

我第一次发现章太炎也写白话文，而且写得很好，是在十几年前。白话文运动成功以后，上海推出一本书，题目叫《章太炎的白话文》，是张静庐编的，上海泰东书局1921年出版的。收了1910年章太炎在日本东京发表在《教育今语杂识》上用各种笔名发表的文章。这本书的书名就很有想象力，谁都知道章太炎是国学大师，章太炎的文章难懂，但是他有一本书是白话文写的，只是这本书日后受到怀疑，因为其中有一篇文章，钱玄同说是他写的。传扬开来，越传越广，有人写文章说《章太炎的白话文》这本书的作者是钱玄同。我做过辨正，这本书中，确实有一篇文章是钱玄同写的，但其他的都是章太炎的。这个问题，我在《学问该如何表述》那篇文章里面，已经做了详细论证。我想讨论的一个问题是，这些与章太炎平时著述风格完全不一样的白话文，它以一种特殊的形式——讲义或者演说——存在，这些文章有的是演说稿，有的是演说的记录稿，有的是书斋里面按照演说的形式写下来的拟演说稿。假如以潜在的“听众”为接受者，那么写作起来，和以潜在的“读者”为对象是不一样的。换句话说，写给读者看，还是写给听众听，感觉是不同的。虽然都是用文字表达出来，但其实有很大的差异。国家图书馆收藏了《教育今语杂识》，这是在东京出版的。办这个杂志的主要目的不是提倡革命，不像《民报》、《浙江潮》，这个杂志就是讲国学，就是讲中国文化。而且目的是给当时在各地的华侨子弟讲中国文化，假定的读者中国文化水平不太高。所以我说，在晚清，除了政治动员、思想启蒙，演说还有一种形式，这就是我们今天所讲的关于学术文化的讨论。

1912年蔡元培出任中华民国首任教育部长，马上通电全国，要求各省都督推行以演说为中心的社会教育。理由是：社会教育是今日急务，应该首先注重宣讲。请各省根据本省情形，制定宣讲标准，选辑资料，通令各州县实行宣讲，可以用活动影画作为辅佐。这是蔡元培的观点。新教育的建立，使得所有的教授们都必须学会演说，不管是在课堂上，还是在校园外，不会的，必须学。这个思路一直延续下来。一开始可能不习惯，但是逐渐地，各位教授都会口若悬河。

鲁迅先生后来在北京大学演讲时，黑压压的一片人，垫一个椅子，站上来，就可以演说了。鲁迅先生登台演说，早年是很不成功的。鲁迅日记中记载他于1912年在北京的暑期讲演会，连续讲了四次《美术略论》。鲁迅记日记只记大事，不记细节，更不记感受。可是这次日记例外，第一次来了十几个人，中间走了好几个；第三次听众大约二十人；第四次只来了一个人，在结束之前又来了几个人。我们可以发现，在1912年的北京，鲁迅先生的演讲听众很少。多的时候是十几个，少的时候只有一个。第二我想说的是，鲁迅很在意，演讲和读者不一样，我写出文章，在报纸上登，读的人多少，我不知道，我的感觉不受读者的影响。但是演讲会让演讲者有一种特别直接的感受，在座诸位的一个眼神会影响演讲者的情绪和表达的方向。鲁迅先生早年的演讲可以说不太成功。但1932年他重新回北平进行系列演讲时，演讲很受欢迎。在北京大学演讲的时候，听众很多，大家特别热烈地鼓掌。结束后请他吃饭，未名社的李霁野等人说，先生你的演讲在北京很受欢迎啊，这么多人来听。鲁迅马上说：南方的听众更热情啊，他们把我举起来，抛到天空上，弄得我头都晕了。起码我们知道，鲁迅先生30年代以后是会演讲的，而且演讲很成功，这当然得益于他的文坛领袖的地位。很多人听演讲，有两个方面，第一是听他说什么，第二是看一个伟大的人物。鲁迅的地位是一个原因，鲁迅的演说技巧也是特别值得关注的。

没有材料说明鲁迅接受过专门的演讲训练，但是可以断定，从1926年在厦门大学演说起，鲁迅就很好地掌握了广场演说的技巧。可以这么说，在1912年到1925年之间，虽然在北京大学讲过《中国小说史略》，据说是很多人挤在窗外听，但那是讲专业课，讲小说史，有讲义在。1926年，鲁迅在厦门大学做国文系兼国学院教授，讲授“中国文学史”，撰写了《汉文学史纲要》。当时的校长要他做一个关于国学的演讲，他选择什么题目？《少读中国书，做好事之徒》。可以想象满堂掌声，经久不息。一个国学院的教授告诉大家说，不要读中国书。细读鲁迅日记，我发现一个诀窍，第一，鲁迅的演讲大部分是半小时左右，偶尔有一个小时的，他和正规的课堂教学拉开距离。自从90年代以来，大学教学越来越正规化后，所有到大学的演讲都要求两小时，或者一小时四十分钟，起码要一个半小时，剩下的时间学生提问。大家想一想，学生们顶住教授两个小时的言语轰炸，其实是很艰难的。假如三十分钟，稍微排兵布阵，像说相声一样经营两个包袱，马上效果会很好。但两个小时不能都是包袱，两个小时的包袱是很难经营的，所以三十分钟的演讲容易成功，而两个小时的演讲比较难成功。三十分钟演讲的成功还有一个问题，我注意到鲁迅最后十年的演讲，基本上是杂感。换句话说，以杂文笔调做演讲，效果比以论文来做演讲要好得多。诸位看《帮忙文学与帮闲文学》、《流氓的变迁》，这样的题目演讲效果肯定比较好。它是短文，是杂感，可以出人意外，语不惊人死不休，这是广场演说成功的诀窍。广场演说和课堂讲授不一样的地方在于：课堂讲授以接受知识为主，听众知道所要讲的内容是什么；而广场演说面对的是各种各样的听众，需要很多包袱或者惊人的妙语，才能够镇得住。

第三个问题谈演说与学堂的关系。在《新中国未来记》中，梁启超曾畅想维新五十周年大祝典，“处处有演说坛，日日开讲论会”，演说者是各国专门名家，听众则是大学生。如此坚定不移地将“演说”与“学堂”相勾连，此举大有深意。实际上，晚清以降，“演说”事业的迅速推进，学校确实是关键的一环。一方面，演说之所以被关注与提倡，很大程度是因为演说可以作为学堂的补充；另一方面，学堂里的专业训练，又使得演说的内容及技巧大为提升。因此晚清时期，人们的政治立场迥异，对于“教化”的想像千差万别；但将演说作为学堂的补充或替代，这一点，倒是得到晚清士人的高度认同。从北京、上海到东京，左中右都承认它的重要性。

举几个例子，第一位是和诸位有关系的马相伯先生。1903年马先生创立震旦学院，专门确立一个章程，提到要建演说堂。诸位知道他的宗教背景，对于基督教天主教传教士来说，演讲就是他们传播教义的最主要的手段，所以办这样的大学首先要设立演说堂，这是很正常的事情。

我建议大家看一下朱维铮先生编的《马相伯集》，这个版本有个好处，它把报纸上所有能够找得到的马相伯的各个演说都搜集起来了。借助这个我们做研究，知道当年的震旦学院每星期都要开专门的演说会，学生们必须修这门课，学生们在课堂上学习演说，校长每星期都要对学生进行演说。

第二个例子是张伯苓先生。1904 年起的南开中学和 1919 年起的南开大学的创办人张伯苓先生，带着学生到街上去演说，而且后面还放幻灯片，宣传新的知识。张伯苓先生的弟子们追忆说，张伯苓也是每星期把学生们召集起来进行演说的，而且南开大学也是注重演说课程，要求所有的学生都修这门课程。有很多学生回忆在南开或震旦读书，如何受校长的启发，认真学习演讲。

清华学校是留美预备学校，清华学校的演说更是让人惊讶，在学校里面，很多学生学会在公众场合做演说。学校里不但安排了演讲教练，配备了专门课本，还要求学生从中等科四年级起，必须练习演说三年，而且还要考试。演说是清华学校课程的重要组成部分。校园里，活跃着各种练习演说与辩论的学生社团，如英文方面的"文友会"、"英语演说辩论会"、"得而他社"，国语方面的"达辞社"、"辞命研究会"、"国语演说辩论会"等。学校还设立了专门的演说辩论委员会，负责定期举办校内以及校级的演讲比赛。

花那么大的工夫训练学生的演说能力，从文辞、结构、语速、声调，到手势、眼神以及心理素质，值不值得，有争议。1912 年闻一多先生进入清华学堂，1922 年毕业赴美留学，闻一多在清华园里度过了十年光阴。清华校园里的众多演说，对闻一多造成很大压力。读闻一多日记，看他早年演说课成绩不高，很着急，晚上就刻苦训练，到凉亭里面自己不断地说，然后演说成绩上来了，很高兴。可是闻一多又在文章里面说，我们清华大学花那么多时间让每一个同学学习演说，使大家变得夸夸其谈，这会败坏这些人的心智。因为演说是卖嘴皮的，这么多学生学会了这种技术，有什么意义？

很多年后，这个意义终于显现出来了。二十几年后，作为西南联大的名教授，闻一多在西南联大的课堂教学是满堂彩。诸位有兴趣的话，可以看看汪曾祺、何兆武等的回忆录，里面提到国文系教授讲课最好的是闻一多。相对来说，朱自清讲课效果就差多了。朱自清先生是个好人，是我老师的老师。王瑶先生说，他当年修朱自清先生的一门课，正修的只有他一个，辅修的只有季镇淮先生。有一次，季先生没有来，只有王先生一个人在听。可朱先生很认真，旁若无人，把一段一段的引文抄在黑板上，王先生就在下面一段一段地记。吴组缃先生说，他当年在清华大学听朱自清先生讲课，替朱先生着急，因为他一面拿着讲稿念，一面拿着一个白手帕擦汗，讲两句擦一下。那个时候，他已经在清华当了十年教授了，还这个样子。朱先生比较内向，虽是北大毕业的，没有受过专门的演讲训练。闻先生是清华的，受过专门的演讲训练。当时西南联大最著名的演讲者就是闻一多先生。每个演讲场合，闻一多先生都是压轴的，最后振臂一呼，大家都是热血沸腾。闻一多积极投身昆明的民主运动，在不同场合，面对不同听众，即席演讲，挥洒自如。这个时候，早年清华读书打下的底子，终于还是发挥了作用。

下面说说我所在的北京大学。谈论演说与学堂的关系，最有名的还属京师大学堂。1903 年，师生们因为俄国人侵略东三省这个事件而“鸣钟上堂”，这次演说很有名。1903 年蔓延全国的拒俄运动，各地学堂多有卷入，媒体上有各种抗议活动的报道以及各色人等的演说辞；京师大学堂因其特殊地位——1906 年以前的京师大学堂兼管全国教育，等于一所大学加一个教育部，所以它很重要，具有指标性的意义——所以，闹学潮的影响很大。1903 年京师大学堂的学潮，开启了现代中国的学生运动。这回的学生运动，既有传统的伏阙上书，也有演说、通电等新鲜的社会动员手段。而演说、通电等都与现代学堂平日的训练有关系。可以说，演说是现代学生政治运动的一种重要的形式，是组织、动员、凝聚力

鸣钟上堂

量的一个很重要的手段。学生运动使得演说得以进入政治史或思想史，如果仅仅是学堂里面培训学生的表达能力，不可能进入思想史。1903年的拒俄运动，更包括1919年的五四运动等，凡有学潮的地方，演说都在发挥巨大的作用。所以，理解20世纪中国的学潮或者思想史、政治史，演说是一个关键性的事迹。

第四个问题，“学艺”还是“事业”。演说到底是学校里面的“学艺”，还是社会上的“事业”，这是值得我们关心的一个问题。复旦的辩论队经常在大专院校辩论赛中拿金牌，北大就自愧不如了。学生们请我做指导，都被我拒绝了。我说，现在的辩论光搞花架子，一点作用都没有。学生说，不对啊，辩论会对推出明星学生很有作用。我之所以这样说，是因为我对五四期间活跃于北京的一些学生社团的演说活动有一定的研究。演说确实和政治运动结合在一起，因此，研究政治史的人，多关注演说的内容。但是我们不能将校园内外的演说，全都与政治抗议联系在一起。实际上，在政治宣传之外，还有学问的传播；在思想立场之外，还有辩论的技巧；在正义感之外，还有平等心的养成。我记得贵校的周谷城先生曾经写文章说：他当年在北京高等师范学校进行演讲比赛的时候，胡适判他们输了。周谷城先生很不服气，按照他的看法，因为胡适是资产阶级，不能理解青年学生的革命意志，所以判他们输了。其实，很可能不是这样，我看过当年的评价标准：言辞怎么样，应答怎么样，灵敏度怎么样，手势怎么样，还有表达的语调怎么样等等，是一个技术性的评判。有政治立场的原因，也有表达方式、演说技巧等方面的因素。

五四时期活跃于北京大学的众多社团中，有两个是以“演说”为主攻方向的，一是发起于1917年12月的雄辩会，一是创立于1919年3月的平民教育讲演团。八十年后，后者声名如日中天，而前者则很少为人关注。我这里稍微勾勒两个社团的基本面貌、思想资源以及发展趋势，目的是凸显五四那代人的文化姿态与思维方式。首先，到底是选择“雄辩”还是选择“讲演”，不只受制于拟想读者，而且牵涉一系列重大命题。诸位明白，“雄辩”是同道之间的对话，你一句我一句，唇枪舌剑；“演讲”不一样，是我说你听，当然后面可以提问，但基本上是一言堂。我说你听的这种演讲的姿态，是平民教育家的；而我说你也说，是雄辩会的。这其实牵涉到后面一系列的问题：如学校与社会、思想与行动、怀疑与信仰、对话与独白、逻辑与立场、精英与大众的区别等等。到底是选择独白、一言堂、居高临下，还是选择对话、辩论、承认各种可能性都存在，其实影响到了后来的北大学生们的发展路径。而所有这些，深刻影响着五四以后中国知识者的历史命运，也让我们对于“演说”在新式学堂里的发展前景，有了新的视野与解读方式。《北京大学日刊》报道了这两个社团的活动。而《北京大学日刊》上的内容，多是教师们上课以及学生社团的活动，很少有校长的消息——除非校长参加学生们的活动。我承认异军突起的平民教育讲演团在现代史上的贡献，但同时也不想抹杀当年北大及其他院校训练演说和辩论的意义。学生的训练表面上平淡无奇，但是形成一种风气，学生在读书、作文之外，格外看重口头的表达。这种口头表达是现代社会对学生的要求，影响极为深远。

这种辩论不同于独白性质的演说，主要针对的是同道，承认有多重可能性，对话中包含着挑战与反省，强调学理与逻辑。而且尊重对手、自我质疑、承认各种可能性，这属于精英们的自我启蒙。换句话说，有两种启蒙，一种是精英们对大众的启蒙，一种是精英们的自我启蒙。自我启蒙选择的是自己的同道，有辩驳、议论的权利和义务。随着政治局势的发展，这两个团体的功能发生变化。五四运动爆发了，"雄辩会"停止活动，因为大家都上街了，没有人再来做这种三段论式的推演。这个时候"平民教育讲演团"成为主流。五四运动告一段落，1922 年以后，"平民教育讲演团"的学生们毕业了，然后这个社团基本上就消失了，"雄辩会"以及其后任逐渐成为主流。换句话说，作为"事业"的平民教育讲演团渐行渐远；相反，作为"学艺"的雄辩会，其活动仍在继续，且逐渐活跃起来。

可以这么说，五四时期，是"平民教育讲演团"的天下，连不会演讲的人都参加了。举两个人的例子，一个是朱自清，一个是俞平伯。俞平伯讲课，有两个著名的故事，一个是讲《红楼梦》，到了课堂上说：诸位，很抱歉，今天我研究《红楼梦》没有新的收获，下课。第二个例子是他讲"帘卷西风，人比黄花瘦"，讲完后闭着眼睛说：真是好啊。他是个传统文人，很有名的名士。我们很难想像，五四的时候他也上街去演说，到今天为止，我没有找到俞平伯演讲的具体资料，只找到了俞平伯参加"平民教育讲演团"的消息。很多进步学生参加"平民教育讲演团"，而"平民教育讲演团"的主导者很快成为"马克思研究会"的成员，成为中国共产党的创办者。换句话说，"平民教育讲演团"与马克思主义在中国的传播和中国共产党的创立有直接的关系，这就是为什么我们讨论五四的时候总是记得"平民教育讲演团"。但是，我想我们不要忘记学校里面学生们的互相辩论的那种"雄辩会"，它对大学生思维和表达有着潜在的、不可忽视的影响，将来它会在思想史、文化史上发挥作用的。

第五，文章体式的革新。演讲是一种社会活动，训练学生们的口头表达能力，同时影响社会，启发民众。其实我更关注后面这个问题：演说在中国兴起和传播，影响了晚清以后的文章体式的变更。晚清以降迅速崛起的“演说”，不仅仅是社会、学术、文化活动，作为一种知识传播方式，甚至深刻影响了中国的文章变革。这里所说的“文章”，是传统意义上的，不局限于诗歌散文小说，更包含学术著述。换句话说，演说影响了学术和文学的表达。

陈源曾经说胡适的文章写得好，胡适先生却不以为然，因为陈源认为胡适最值得关注的书是《胡适文存》。后来胡适说：陈源毕竟是个文人，他不知道我的《中国哲学史大纲》对于学问的意义。陈源在《新文学运动以来的十部著作》中，首先推举的是《胡适文存》，而不是常人特别赞许的《尝试集》或《中国哲学史大纲》，理由是：《尝试集》对白话诗有意义，《中国哲学史大纲》也不错，但是胡适对于中国文学史、学术史的意义是，他建立了一种长篇论文的写作方式。比如说《水浒传考证》、《红楼梦考证》这样的三四万字的长篇论文，在传统中国是没有的。胡适本人有个说法，认为五千年的中国文明中，可以算得上著作的，只有七八部，如《文心雕龙》、《史通》、《文史通义》和章太炎的《国故论衡》等，别的是论文集或者札记，不叫著作。换句话说，胡适是用西方人的“专著”概念来看中国文人学者的写作，发现传统中国人写“论”的时候，是一篇一篇的短论，最后集中起来成为一本书，而不是有系统的谋篇布局，写一部五万字、十万字、二十万字的著作。胡适的意义在于用白话来写长篇论文，把论和证、把史料和论点等等融合组织成为一种文章的体式。当然你可以说这不过是用西方人的办法来写的，可是在此之前，中国人不是这么写的。一直到晚清，中国人是不太会使用论和证来写二、三万字的论文的。所以陈源说：大家都说胡适的《尝试集》写得好，是新诗的起源，或者说是新诗的代表作，但是日后我们看到，更重要的是胡适教会我们用白话来写长篇论文。朱自清在40年代教大家读《胡适文存》，也赞赏说，其实胡适的文章写得好的，不是他的抒情性的、叙事性的文章，更不是他的诗歌，而是他的论文。在朱自清看来，胡适的论文，采用的是标准白话，且讲究情感、对称、严词、排语、比喻、条理。这些论述都是注意到了近现代中国文章变革的这一大趋势。

为了说明这个问题，我们再谈谈章太炎的白话文。黎锦熙在钱玄同去世后写了一篇《钱玄同先生传》，里面特别强调1910年在东京，章太炎和钱玄同师生合作办《教育今语杂识》。这个杂志开始用白话来传播传统中国文学和学术，已经开启了用白话来“论”的趋势。黎锦熙说，五四的时候，胡适用白话来写新诗，虽然是一个革命，但是在中国传统文人那里，文学语言的选择性是比较大的，用白话写诗、小说等都比较容易，而用白话写论是最难的。真正困难的是章太炎开启的用白话写论文的趋势。1904年前后，刘师培也开始用白话来写论文。换句话说，晚清已经有了这个趋势。日后才有了新文化运动时期《新青年》全部改用白话。

回过头来我想反省一个问题，就是学术界对五四运动时期的白话文运动论述，可以有几点修正：第一，《新青年》同人在提倡白话文时，确实多以明清章回小说为标本；日后讲授“国语文学”，也都追溯到《水浒传》等。可所有这些“溯源”，都指向“文艺文”（或曰“美文”），而不是同样值得关注的“学术文”。第二，白话文运动成功的标志，不仅仅是“国语的文学，文学的国语”；述学文章采用白话，尤其是长篇议论文的进步，也是至关重要的一环。换句话说，白话不仅能创作文艺作品，而且还能写作学术论文。第三，晚清兴起、五四后蔚为大观的演说热潮，以及那些落在纸面上的“声音”，包括演讲的底稿、记录稿、整理稿以及模拟演讲的文章，这些东西对白话文运动和文章体式改进的积极影响不容低估。我曾经说过，所有的知识分子，不管他的政治立场如何，只要他愿意站在讲堂上演讲，就是有意无意地在支持白话文运动。所有的人演讲都用白话，国学大师也不例外。假如国学大师用文言进行演讲，没有人听得懂。章太炎演说照样用白话，只不过有的记录稿故意整理成文言。

我曾经作过一段论述，1922年章太炎在上海演讲国学，同时出现三个记录本，一个是《申报》本，每一讲都只是简略的记录，另外还有曹聚仁的和张冥飞的两个本子。晚年章太炎再三说张冥飞的本子不能用，乱七八糟的，而曹聚仁的本子是可以的。这有下面几个原因：第一，张冥飞本身学问不好，还胡乱评点章太炎的演讲，章太炎当然不高兴。章太炎讲的很多，张冥飞记不下来，于是引申发挥，那就更乱套了。第二是他用文言，章太炎本身是古文大家，演讲是用白话，而记录稿用文言记，那又改了一层。更何况，章太炎余姚口音很重，张冥飞有许多话听不懂。而曹聚仁的记录稿得到了章太炎的赏识。曹聚仁的解释是：第一，在杭州一师念书时，曹聚仁已经读过《国故论衡》和《检论》，熟悉章太炎的学术思路，因此，记录稿才可能没有错过一句话，一个人名，一个地名；第二，他和章太炎是老乡，章太炎讲余姚话，他听得懂。这两点都很在理，可我还想补充第三点：因曹聚仁使用的是白话，更能传达太炎先生讲演时的语气与神态。对比张冥飞那蹩脚的本子，你会发现，章太炎很有个性的语言，以及许多精彩的表述，全被现成的套语弄得面目全非。有方音的缘故，也有学识的原因，即便全部“听懂”，以张冥飞的文言文水平，也绝难达意。

所有的人在课堂上演说学问，必须把它白话化，这个时候，有意无意都在赞助白话文。通过这种赞助，使平民百姓的、文化水平不高的、学术含量很低的“白话文”开始有了张力，有了学术含量，有了文学气味，日后才有可能成为主流性的全国人民使用的语言。其实，五四运动过去后，周作人就提出一种“有雅致的俗语文”。他说，所谓的白话文是以口语为基本，再加上欧化语、古文、方言等，糅合起来，成为一种有雅致的白话文。这个“口语”，不限于日常生活语言，还应包括近乎“口头文章”的“演说”。换句话说，白话文的学术含量是学者们在不断地讨论学问过程中、演说过程中赋予它的。

晚清以降，学术文体面临两种革新：第一种是王国维、梁启超、严复等人介绍西洋的表达方式、新词汇等等，这种改变现代中国学术表达的途径，因为跟现代化潮流吻合，备受关注。第二种则曲径通幽，或者说是暗渡陈仓，这就是国学大师在讲国学的过程中增加了白话的学术含量，使得白话成为更能承担起传播思想学说的工具。这个路径，以前大家不关注。可以这么说，晚清兴起的演说之风，有利于白话文的自我完善，以及“现代国语”

的产生和成熟。除此之外，还深刻地影响了许多作家的思路和文风。演讲自有演讲的风采，和文章一样千变万化。有经验的读者都明白，"口若悬河"与"梦笔生花"不是一回事，适合于讲演的，不见得适合于阅读。一场主宾皆大欢喜的讲演，抽离特定时空记录下来，很可能不知所云。相反，一篇精彩的专业论文或小说散文，即便由高明的演员朗读，也不见得能吸引广大听众。换句话说，一个是面对书斋的，一个是面对课堂的。演说不同于专业著述，突出的是大思路，不需要很细致的考证，需要的是急智、幽默、语出惊人。如果用最简要的语言来描述，"演说"的特点大致是这样的：表达口语化，故倾向于畅快淋漓；说理表演化，故追求语不惊人死不休；追求现场效果，故受制于听众的趣味与能力；蔑视理论体系，需要的是丰富的高等常识；特别忌讳"掉书袋"，所以不能过于深奥，更不能佶屈聱牙。而所有这些，影响了五四之后的文坛和学界的风气。

我关注的是，"演说"一旦入文，酿成了现代中国文章的两大趋势，第一个比较容易回答，第二个可以稍微发挥。第一个是说理文章条理日渐清晰，原先以典雅渊深著称的文章，如今变得直白、浅俗，"卑之无甚高论"，这一点很好理解；更值得关注的是第二个方面，这就是情绪趋于极端。演说之影响文章，使得表述趋于夸张，或尖刻，或奇崛，全都剑走偏锋。熟悉演讲的都明白，台上台下，能否成功互动，十分要紧。演讲者可以借助语言、手势以及身段来调动听众的情绪，而听众通过拍掌、跺脚、嘘声乃至走人等，同样达成对于演讲者的诱惑，使得演讲者身不由己往听众的趣味靠拢。在这个意义上，所谓的"现场效果"，是演讲者与听众共同营造出来的。

对于演讲者来说，现场的氛围构成巨大的压力。在十人、百人、千人、万人的场合演说，声调、语速、手势全都不一样；总的趋势是，人越多，手势越夸张，长句变短句、短句变单词，这里还得考虑麦克风放大尾音的影响。在群众集会上演说，很难有冷静平和的思考与表达，往往是调子越唱越高，上得去，下不来。值得注意的是，这种"现场感"与"听众的压力"，很可能一直延续到书斋，渗透到现代中国学者的思维以及笔墨之中。举一个例子，1917 年，北京大学雄辩会的成立大会上，请当时的论理学教授章士钊做专题演说。章士钊先生的演讲主要讨论“中庸之道”，他要论述的意思是“中庸之道”如何的难得等等。他前面有个开场白说：“无论何种题目，两极端之说，最易动听；一经折衷，便无光彩。……调和论者必就甲说而去其乖戾之气，就乙说而去其偏宕之言。不知甲乙之说所以能存，正以其乖戾偏宕。今欲去其所以存立之基础，而强之入我无声无臭之范围，其事之难，有如登天。”章士钊本想论述的是“调和之妙用”，可单看发表出来的部分，更容易记得的反而是“极端之说”。说者无心，听者有意，学生于此，很容易领悟到演说的诀窍，就是不用中庸。因为有两极端之说，管它是左是右，是东是西，只要能把论题推到极端，就会有听众和掌声。学者们的演说不如宣传家、政治家，就是因为政治家的演说敢把一个方面说到底而不顾另一个方面，这就有效果。说红、白、黑都可以，只要你能把红、白、黑说到底，就有效果。你想守住学者的立场，说红中有白，黑中有白，这样就没有人听你的了。问题是这种演说不仅仅影响到一般的文章，而且影响了整个 20 世纪的著述。

第六，最后一个问题是以“演说”为“著述”。现代中国日渐兴盛的“演说”，其影响不仅及于“文章”，还扩展到“学问”。学问该如何表述，面对专家还是大众，追求专深还是普及，这里面大有讲究。

五四新文化运动中，蔡元培、张谨、陈宝泉、汤尔和等大学校长，曾感叹近年士风日敝、民俗日偷，而关键就在于学术消沉；希望教育界负起责任，于是发起“学术讲演会”。大学教授们不再只是讨论政治问题，针对社会问题发言，而是努力向公众传播自己所擅长的专门知识。这样一来，如何有效地演说“学问”，在此后的半个多世纪里，受到学界以及社会的共同关注。当学者们不再满足于“口说”，将“讲坛”搬到了纸上，所谓的“著述”风格，就不可避免地发生变化。如果讲授的是专深的学问，要实现从“声音”到“文字”的转化，难度可就大多了。记录、整理很不容易，这就牵涉到晚清的另一个新生事物——速记法。梁启超特别推崇的日本政治小说《经国美谈》，正是矢野龙溪采用口述笔记的形式完成的。梁启超《新中国未来记》第一回说：孔老先生登坛开讲，便有史学会干事员派定速记生从旁执笔，将这《中国近六十年史讲义》，从头至尾录出，一字不遗。一面速记，一面逐字打电报交与横滨新小说社刊登。这是小说家言，问题是演讲真的能用速记办法记下来吗？在没有通过录音机录音反复听之前，能够做到这一点吗？这涉及到演讲和速记的关系。

关于速记，与国会演讲有关系。英国、美国、日本以及后来的中国，在国会发表演讲都采用某种特定的速记法，最早的演讲的记录是速记。谈论中文速记，一般从蔡锡勇说起。京师同文馆毕业后，蔡在驻美使馆任参赞期间，对当时美国流行的“快字”感兴趣；回国后，参考美国凌士礼（Lindsley）的速记法，撰成《传音快字》一书，于光绪二十二年（1896）在武昌刊行。到了清廷推行新政，设置咨政院，开会时亟需速记员，于是召蔡的儿子蔡璋进京，创办速记学堂，并将其父的《传音快字》改编为《中国速记学》，于1913年正式出版。此后，不同的速记法纷纷面世，并被运用到实际生活中，对学术文化的整理以及思想的传播，发挥了很大作用。据说20世纪中国最有名的三个速记文本是孙中山的《三民主义》、梁漱溟的《东西文化及其哲学》和毛泽东的《在延安文艺座谈会上的讲话》。这都是现场速记整理，再经过本人修改而发表的。

不再满足于固守书斋的现代中国学者，开始走出校园，面对公众，就自己熟悉的专业发表公开演讲，而且借用速记、录音或追忆等手段，将“口说”变成了“著述”。对于此类不够严谨专深、但也自有妙用的“大家小书”到底该如何评价？倘若速记者听得懂方言，有较高的文字修养，也能大致理解演讲的内容，这种情况下，速记稿还是可信的。当然，正式出版前，需要演讲者做一番仔细的修订。1922年商务印书馆初版的《东西文化及其哲学》，封面署的是“梁漱溟讲演，陈政、罗常培编录”。再补充一下，在这本书的《序言》中，梁漱溟说：在别人总以为我是好谈学问，总以为我是在这里著书立说，其实在我并不好谈学问，并没在这里著书立说，我只是说我想说的话。序言的落款是“中华民国十年十月二十二日漱冥口说 陈政记”。换句话说，这部书是“口说”，而不是“著”。

另外一个演讲，1932年周作人应沈兼士的邀请，到辅仁大学作《中国新文学的源流》系列演讲，由邓恭三——即日后成为著名历史学家的邓广铭——做记录。邓恭三把记录稿给周作人看，周作人看完后很满意地说：把我很纷乱的演讲整理得很有条理了。于是，将讲稿交北平人文书店刊行。今天我们看《中国新文学的源流》有很多毛病。钱钟书说：这是一本小而可贵的书，正如一切好书一样，它不仅给读者以系统的事实，而且能引起读者许多反想。我认为这本书并没有系统，但是钱钟书的评价有一点值得注意，演讲与一般性著作的不同之处在于它是“小而可贵”。1961年，应香港某学术机构的邀请，钱穆就“历史研究法”这一总题作了八次演讲。此讲演集，先由叶龙记录讲辞，再经钱穆本人整理润饰，1961年刊行于香港。1969年在台北重版，在重版序言中钱穆说：做学问是带有感情的，有的人只讲考据，谈技术性的层面；这部书虽然是演说记录，不是严谨的论述，而背后是有思想有感情的。由此可见，演讲是“小而可贵”的，更容易看出演讲者的思想感情。做学术著作，一旦进入具体论述的课题，尤其是史学方面的，很容易因为大量的材料而把自己的思路、主观意图和感情压抑下来。而所有的演讲，虽然论证不严密，但是能够凸显大思路，而且更能显示演讲者“压在纸背”的心情。

1962年，新儒家代表人物牟宗三到香港做一系列演讲，主办者要求他用十二个小时讲中国哲学的特质。这当然只能粗枝大叶。演讲记录稿整理下来，牟宗三认为不错，就出版了，书名就叫做《中国哲学的特质》。在序言中，牟宗三说：口讲与自己写文章不一样，而笔录与讲述之间也有距离。如果我自己正式撰文，也许比较严整而详尽，但有这个时间限制的机会，也可以逼迫我作一个疏略而扼要的陈述，这也自有其好处。而王君的记录也自有其笔致，换一枝笔来表达，也自有其新鲜处。顺其笔致而加以修改，也觉得与我的原意并不太差。紧严有紧严的好处，疏朗也有疏朗的好处。是在读者藉此深造而自得之。

好一个“疏朗也有疏朗的好处”，一下子点到问题的关键，也说透了学术演讲之所以吸引人的奥妙。至于“顺其笔致而加以修改”，是此类文章或著述的特点。

周作人、钱穆、牟宗三三书，都是“小而可贵”。惟其篇幅小，讲者（作者）不能不有所舍弃；也正因此，面貌更加清晰，锋芒也更加突出。所谓虽非著述之体，但更能够与听众和读者沟通；虽然不以严谨著称，但“疏略而扼要”，“能引起读者许多反想”。这是一个提出问题、发展新的思路的办法。在一个专业化成为主流、著述越来越谨严的时代，这一类精神抖擞、随意挥洒、有理想、讲趣味的“大家小书”值得人们永远怀念。

谢谢大家。

提问与回答

傅杰：

陈平原先生是第一次到复旦来演讲，他的演讲将会对各个层次、各个专业的同学都会有启发。机会难得，有什么问题，我们可以提问。

学生：

陈老师您好。我读您的书知道，王瑶先生是你的老师，他把你叫到他的家里面，点上烟斗，和你讨论问题，谈论的话题天南海北、古今中外，不局限于一个话题。你说在这样的熏陶之中获得很多收获。可是进行学术研究，必须进行枯燥的学术训练，比方说你写《二十世纪中国小说史》、《千古文人侠客梦》，翻阅很多原始资料。你觉得在你的学问和性情之中，王瑶先生对你的自由的、口述式的写作与严谨的学术训练这两个方面哪个影响更大？

陈平原：

谢谢。我是北大中文系第一届的博士研究生，当时北大还没有建立起具体的规章制度，没规定修多少学分，也没有博士资格考试。我们那个时候，没有这么多规章制度，这是一个特殊状态。还有，王瑶先生那一代人，开始带博士生的时候已经七十多岁了，他们有丰富的人生阅历，不太擅长在大庭广众中演讲，而更适合于书斋谈天。这样的指导，对我们很有用。我们那一届，全校博士生总共才五六十个；而今天北大中文系每年招收的博士生就有六十个。王先生只带我和温儒敏两个博士生，而老温已经是北大的教师了，真正的学生只有我一个。今天不一样，你们的老师们没有这个时间，也没有这个精力，面对每个学生，点着烟斗聊天。说到底，这是“成本”的问题。很多大学有三四十公里之外的新校区，老师们下课后就要赶紧搭班车回家，这就更难了。一个老师对着一个学生，熏陶好几年，这个状态，现在已经不可能存在了。至于你说的我的那几本书，对有些人来说，可能稍微枯燥了一些，史料的使用比较密集。但是你不知道，王先生的著作也是这样的。王先生撰《中古文学史论》，史料方面是希望“竭泽而渔”的。这是基本的学术训练。洒脱的另一面在哪儿？我同时用两种文体写作，一种是学术著作，在这类著作中，你基本上看不出我的心情，我的心情最多在序言和后记中出现。在另外一种文章，比如随笔或者散文，那就洒脱多了。我的论文基本上不说闲话，也不搞影射；至于对社会有何不满，或有什么政见，我用散文随笔表达。分途发展，这是我的策略。

学生：

陈先生您好，向您请教一个问题。你的《二十世纪中国小说史》是在1989年出版的，到现在已经快20年了，现在你对那本书有什么看法，对那个时代的小说你有没有新的看法？

陈平原：

谢谢。看来你大概是做晚清小说的。我必须做一个解释，因不断被问到这个问题。《二十世纪中国小说史》曾经被寄予很大的期待。当年第一卷出版后，很多人都特别看好。可是 1989 年之后，以后的几卷一直出不来。本来的分工，第一卷我写，第二卷由严家炎老师写，第三卷是吴福辉，第四卷是钱理群，第五卷是洪子诚，第六卷是黄子平。我们六个人合作，阵容是比较强大的。可惜我第一卷开了一个头，后面接不下去。五四小说是严家炎老师的长项，他有很多研究心得。我写作的时候，严老师太放心了，说你爱怎么写就怎么写。可我写出来了，给后面带来很大的麻烦。因为写作的路子完全不一样。当时我建议，各人写各人的，不用统稿，就这样集合在一起就行了。但是严老师很认真，还是想寻求某种统一性。这一搁，就是十八年。现在，北京大学出版社把我的书改名出版了，叫《中国现代小说的起点：清末民初小说研究》。自那书出版后，我偶尔也写晚清小说的文章，但绝大部分时间不再做这一研究了。我意识到有几个方面可以值得你关注：第一是报刊和小说的关系，我算是最早认识到这个问题的，而且做了些研究。《中国小说叙事模式的转变》特别关注杂志出现以后对晚清长篇小说结构的影响，由于报刊连载，长篇小说变成了"短篇的集锦"，这个论述到今天还是被承认的。但是我看的杂志不太多，后来人看的比我多。近二十年来，上海有几位学者关注《申报》等报纸上的小说，北京的主要是夏晓虹老师的几个博士生围绕《申报》文人集团探讨新闻和文学之间、文字和图像之间的关系等问题。换句话说，我的那本书出版后，学术界的一个进展就是：关于报刊与文学关系问题的探讨，从杂志推进到报纸。第二个值得关注的课题，是传教士如何影响中国小说写作。传教士如傅兰雅、李提摩太等，在中国提倡小说，举行小说比赛，翻译西洋小说，或撰写中文小说，这一研究领域，我当时没有意识，也没有能力做。另外，王德威的《被压抑的现代性》的研究思路，也值得我们关注。还有日本大阪经济大学的樽本照雄，他用三十年的时间，持之以恒地研究晚清小说，编辑资料及书目，很有价值。

学生：

易中天最近比较火，他认可的是《万历十五年》的表达方式，你怎么看待这种表达方式？

陈平原：

《万历十五年》作为一本历史学的“奇书”，很有存在价值；但是，《万历十五年》的表述方式，不可能成为历史学的主流。因为它对于知识积累和学术推进，不如它在文章体式的尝试贡献大。在欧美世界，谈论中国的通俗性的史书，第一个值得推荐的是耶鲁大学的史景迁。《万历十五年》是中国人比较关注，外国学者不见得。黄仁宇和史景迁都是用讲故事的方式来写历史，而史景迁的文字能力远在黄仁宇之上。史景迁的书，现在大量翻译进来，但即便如此，我不认为这些书会成为历史学的主流。在我看来，这些文学性很强的历史著作，别具一格，但在理论建构、史实考辨、资料运用等方面，有点“取巧”。

傅杰：

今天我们两个小时，既看到了文坛的领袖，又听到了精彩的演讲。不过这只是一半，明天下午还有一位学问和风采都不亚于陈平原教授的北大夏晓虹教授的演讲。今天是夫唱，明天是妇随。在听明天的演讲之前，我们再一次对陈教授的演讲表示感谢。

明清姓氏书与晚清世界人名辞典

——从"尚友录"到"名人传略"

主讲人：夏晓虹

主持人：戴燕

夏晓虹

北京大学中文系教授，主要研究近代中国的文学思潮、女性生活与社会文化，曾在日本东京大学、德国海德堡大学讲学。著有《晚清女性与近代中国》、《返回现场——晚清人物寻踪》、《晚清社会与文化》、《诗骚传统与文学改良》、《晚清文人妇女观》、《觉世与传世——梁启超的文学道路》、《诗界十记》等。

戴燕　复旦大学中文系教授，研究领域为中古时代社会生活史中的文学、中国近代文学史的学术史及日本近代汉学。

戴燕：

可能各位已经了解夏教授的情况，我只作一些简单的介绍。我最近听朋友告诉我，说网上有一个说法，说是作为学者，夏教授是著作等身；作为教师，她是桃李满天下；作为女性，家庭很幸福。我跟夏教授认识已经二十多年，在我眼里有我的夏教授。我想，作为一个女性，家庭幸福当然很重要。夏教授在北大中文系从本科念到硕士研究生，1984年毕业就留在学校任教，已经二十多年，教书育人，自然是桃李满天下。夏教授这些年足迹遍及美国、欧洲、日本、韩国、港台等很多地方。我想多讲一点作为学者的夏教授。

夏教授的著作非常多，我有她很多书，但是因为没有拿到上海，没办法拿到这里给大家看。也许各位也读过夏教授的东西，她的研究集中在晚清。其实在很早的时候，在念大学的时候，她还是作过古代的，像是唐代的研究，后来她一直集中在晚清、近代这一段。我讲一点我自己的体会。我觉得夏教授的研究特点，一个是，非常重视文献资料的建设。比如她在很早的时候，就参加过20世纪小说理论资料的编辑，出了很多卷。大概两三年前出版了《饮冰室合集》的集外文三大本，北京大学出版社出的。她还编过《追忆梁启超》、《追忆康有为》，也是汇集一些资料。

最近她和陈平原教授都比较注意到图像，所以还编了《图像晚清》，讲中国历史“五四”这一段。资料建设其实是很重要的。第二个特点，跟她重视资料也是有关系的，她的研究，从梁启超到最近的关注报刊、女性问题，其实很注意当下新的研究动向，也很关心新的理论。可是她很少去空谈，几乎没有专门去谈理论，更多的是将新的理论内化为自己的研究方法，一种研究视角。这些特别体现在她最近的《晚清女性与近代中国》、《晚清社会与文化》这一系列的研究当中。第三个特点，也是和前面两点有关系的，就是她的研究不为一个学科所限制，格局越来越大。最初她在做晚清的时候，比较多的是在做梁启超，做了很多工作，有很多成果。后来她慢慢地拓宽研究的面，晚清社会文化的各个方面，她都开始涉及。比如她最近重视报刊的研究，其实你很难把它限定在文学学科的范围内。

我读她的研究著作，觉得她写得很细腻，有很多是在讲故事，很细致、很细节的地方，她都很关注。以前研究梁启超，是一个很大的、很重要的人物，现在研究一些很细小的事情，包括今天给我们讲的这个东西，入手的这个点，看起来很小，可是实际上她关心的问题的面还是很大的，几乎像从一颗微粒子看到宇宙这个方法一样，我想这也是同她一向重视资料有关系。因为接触的资料多，才会真正做到这一点，否则的话，只是浮在表面上，想突破一个学科的限制都很难。

关于夏教授的情况，我就不再多讲，还是留给夏教授来给我们做报告。各位看到提纲了，要讲一个中国古代的类书到我们今天看到的辞典的变化。这也是夏教授关心晚清这样一个“既古又今，不古不今”时代很有趣的地方。下面我们欢迎夏教授。

夏晓虹：

谢谢戴燕教授，她对我的介绍其实让我很汗颜，有很多溢美之词。非常感谢各位今天来听我讲这样一个比较冷僻的题目，就是这上面打出来的——明清姓氏书与晚清世界人名辞典。这是一个比较大的题目，实际上我讨论的具体的内容，从发给大家的提要就可以看出来，我会以明清以来的《尚友录》系列图书作为主要的讨论对象。希望通过《尚友录》这一系列图书从明代到晚清或者说到近代的变化，来看一下传统的类书，它向辞典或者向百科全书这样的现代工具书转化的过程中的一些问题。具体到我今天要讲的题目，是要看一下西方的人名辞典，它的编纂方式、它的体例和它的内容，是怎么样和中国的传统的姓氏书互相融合，最终改变了我们的知识结构。我在提要里面也讲到，实际上我会主要讨论晚清的三部世界人名辞典，主要是讨论三部辞典的编辑和翻译的问题。不过，为了论述或者说明的方便，我把从明清以来姓氏书的变化分为四个阶段。所谓四个阶段，实际上不完全是一种时间先后的排列。明到清中叶这一段可以说没有问题，但是到了晚清，我说的这三部世界人名辞典或者说外国人名辞典，它们出现的先后，时间上没有特别大的时差，所以我作这样的阶段划分，基本上是为了方便论说。就是说，我是从现代人名辞典的标准来回溯、回望晚清的那三部外国人名录，以此来看它们中间的差别，我把它们大致作了一个层次的划分。下面我就分四个阶段来讨论一下明清的姓氏书和晚清的世界人名辞典。

一、从《万姓统谱》到《尚友录》

第一个阶段，提要里讲得比较简单，我这里会稍微多作一点说明，就是关于明清这一段姓氏书的情况。所以第一节，我把它叫作“从《万姓统谱》到《尚友录》”。这个《万姓统谱》在提要里没有出现。实际上我是想讨论明清的姓氏书大致的编纂方式。因为这个所谓的“姓氏书”，它的来源，应该是从谱牒开始。而谱牒之学，在中国可以说是发源甚早。起码在司马迁编著《史记》的时候，他就多次提到读谱牒。因为古代很重视家族建设，所以谱牒学非常发达。修家谱或者修氏族谱，也成为一个家族很重要的工作，从而使得这些家谱也具有了分别门第高下的功能。

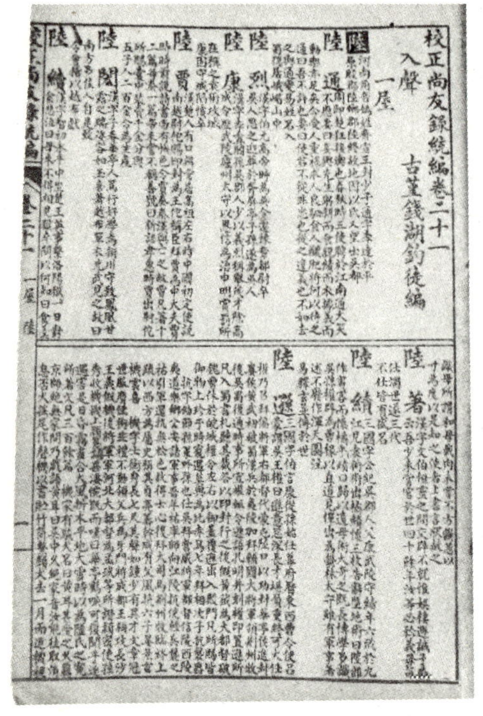
校正尚友錄續編卷二十一
古萱錢湖釣徒編
入聲
一屋
陸通
陸烈
陸康
陸賈
陸閎
陸續
陸著
陸績
陸遜

这一类的书，发展到最后，它还可以在新的氏族要建立自己的社会身份、确立自己的社会地位时，发挥重要的作用。谱牒在古代不止是作为通婚，就是家族之间的联姻，或者是作为品鉴人物，或者是做官的一个根据，同时它也可以成为权力斗争的工具。最有名的一个例子，就是唐太宗。因为唐太宗登基以后，他发现山东的世家大族，虽然在政治上没有地位，可是在社会上，他们的身份还是很受推崇。所以他就叫他的臣下重新编《氏族志》。结果《氏族志》编出来以后，虽然把天下二百九十多个姓重新分了九等，做了一个新的编排，但是排列的结果，山东的崔姓还是名列第一，是天下第一姓。这个结果让唐太宗看了非常不高兴，就把臣子教训了一顿。说山东这些世家大姓，他们现在已经衰落了，社会上为什么还这么尊崇他们。他想是因为南朝的时候，宋齐梁陈是一个偏安的小朝廷，没什么人物，所以像崔、卢、王、谢这些家族都会很受重视，地位很高。而现在不一样了。现在我们这个新的王朝建立了，这些功臣在社会上反而没有地位，这是不对的。所以他说要重新修订《氏族志》。这一次他规定的原则，要“以今日冠冕为等级高下”，就是说，要以官阶作为排定等级高下的标准。所以《氏族志》重修以后，我们就看到地位颠倒过来了：原来的第一姓崔姓，现在就排到第三姓去了；原来在第三姓的李姓，就排到了天下第一姓。所以，唐太宗是通过修谱牒，修姓氏书，来确认新王朝的社会身份和社会地位。就是说，在中国传统社会里，谱牒、姓氏学这种著作很重要，很受重视。

不过后来由于战乱，尤其是唐末五代战乱以后，谱牒都散失了。所以到宋代以后，尤其是到明清两代，重修家谱逐渐成为一种风气。重修家谱蔚然成风，除了和宋明理学家强调家族制度有关，另外也有文学方面的一些因素介入。比如《四库全书总目提要》讲到，南宋以后，流行在书信中使用骈文；写骈文就要多用典故，姓氏就成为一个专门的学问。在很多类书里面，都有专门的关于姓氏这一方面资料的辑录。另外，元代编的《氏族大全》，也是为了给写作提供方便、提供资料。《氏族大全》以后，姓氏学著作大量地出现。这些书，就是元代以后出现的这些姓氏学著作，和前代谱牒不一样的地方是，原来的家谱、氏族谱，主要是为了辨明家族世系来源和姓氏的根据，或者说明门第的高下。到南宋以后，这些姓氏书的编排就扩大了内容，它会把史传里关于这个人的事迹、这个人的一些传记资料摘录出来，附在人名的下边。所以这实际上是为写作、为文学创作提供便利，同时它也使得姓氏书别开生面。《氏族大全》等于是把过去的氏族谱和姓氏书两种原来不太一样的功能的图书合二为一，这样，像《氏族大全》这一类的书，就超越了原来辨析家族谱系这样狭隘的功能，而具有了类书汇集古今文献、便于查考的性质。所以它是从一种单纯的家谱、氏族谱向类书转化。这是由元代的《氏族大全》开始的一个发展方向。

讲到明代的姓氏书，里面最流行的，实际上就是刚才我们提到的《万姓统谱》和《尚友录》。《万姓统谱》的作者叫凌迪知。凌迪知是凌濛初的父亲，就是大家知道的“三言”、“二拍”这“二拍”的作者的父亲。他的《万姓统谱》是在明代万历年间印行的。这个书收入了《四库全书》，所以现在还是会经常被人提到。前几天在华东师大跟一些老师吃饭的时候讲到某一姓，说有什么来源，一个老师说可以看《万姓统谱》，所以说这是一部常用书。另外一个就是上面（指投影）打出来的廖用贤的《尚友录》，这个稍晚一点。廖用贤的《尚友录》是天启年间印行的。《四库》没有收，对它有批评，

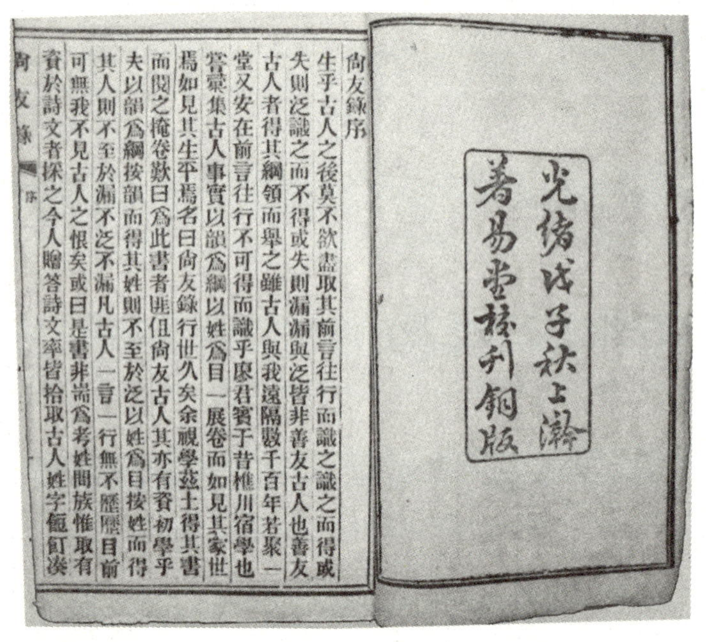

尚友錄序
生乎古人之後莫不欲盡取其前言往行而識之識之而得或
失則泛識之而不得或失則漏漏與泛皆非善友古人也善友
古人者得其綱領而舉之雖古人與我遠隔數千百年若聚一
堂又安在前言往行不可得而識乎廖君賓于昔椎川宿學也
嘗彙集古人事實以韻爲綱以姓爲目一展卷而如見其家世
焉如見其生平焉名曰尚友錄行世久矣余視學玆土得其書
而閱之掩卷歎曰爲此書者豈但尚友古人其亦有資初學乎
夫以韻爲綱按韻而得其姓則不至於泛以姓爲目按姓而得
其人則不至於漏不泛不漏凡古人一言一行無不歷歷目前
可無我不見古人之恨矣或曰是書非耑爲考姓閱族惟取有
資於詩文者採之今人贈答詩文率皆拾取古人姓字餖飣湊
尚友錄 序

光緒戊子秋上海
著易堂校刊銅版

但是收入了《四库全书存目丛书》，就是现在补编的那套书。《万姓统谱》虽然也有不少学者说它收得太杂、太乱，有一些互相矛盾的地方，有很多的批评。但是《四库全书》的评价还是相当公允，认为它搜罗广泛、便于考订，所以说，这个书在民间很流行。而《尚友录》这本书，《四库》就认为它编得很糟糕，说它是应俗之作，没有价值，所以没有收录。但实际上，廖用贤的《尚友录》比《万姓统谱》更为流行，到清代以后，它的影响更大。下面我们所说的晚清包括外国的人名录这一类的书，反而和《尚友录》都有关系。因为《尚友录》编撰的体例实际上沿袭了《万姓统谱》，所以我们也对《万姓统谱》稍微作一点介绍。

《万姓统谱》的编者凌迪知在《凡例》里边讲，他的书是和以前的书不一样的。在他之前，他说有几十种姓氏书，但是他认为这些姓氏书都有不完满之处：有的是以贵贱为主，排列是以地望，就是以家族身份的高低、贵贱为主，他说贵贱又不是恒定不变的，所以他觉得这个不合适；还有一些姓氏书是以姓氏来源为主，比如都是姬姓，后来分出多少姓，它是这样来排列的，而有些姓氏来源不明，又用韵部来排列，他觉得一书之中体例不一，这个也不可取；那么还有一些书，他说是以四声为主，就是按照韵部排列，但是他说四声没处理好，有一些韵部错乱；还有一些书，他说是以偏旁为主，比如单立人啊、金字边啊，这样来排列，他说这完全像字典，跟姓氏没有关系。他觉得这些编排都有问题。其他一些书也被他批评为采录不广、编辑体例不恰当，所以他觉得，他的书有责任一新面目。他的做法是“远自上古，近迄昭代”，就是说，从上古一直到明代，所有的姓氏他都要把它收录进来，这是他的一个理想。具体在编排的时候，他的编纂方式，一个是“以四声韵为纲”，就是说，他还是按照韵部的四声来安排；“以东冬支微为目”，就是说，以四声韵里的字来分目。这就是姓氏以四声为纲、以字为目，这样把古今、海外所有的姓氏都可以收录起来。另外一个说法就是，他在人物资料的采集上，也广泛收集二十一史等等，一直到地方志，把人物事迹放到姓名之下。这样就可以使他的书纵横交织，《万姓统谱》就具有了《四库全书》所评论的，认为它名义上是一部姓氏书，是一个谱牒，但实际上它是把谱牒、传记合在一起，变成一部类书。所以这部《万姓统谱》，在《四库全书》是放在“类书类”里面，就是说它的价值还是类书，是供采择的。

廖用贤在编《尚友录》的时候就已经承认，编撰体例是完全按照《万姓统谱》，“《尚友录》一如《万姓统谱》”。它也是分韵编排，也是按照四声韵部来安排的。它采辑的人物传记资料，廖用贤自己说比《万姓统谱》更广泛，从《世说新语》开始，一直到以前的姓氏书，甚至《列仙传》、史书、子书等等，他都把它放入采纳的范围里边。从这可以看出来廖用贤的编撰体例，他自己说就是所谓“韵为纲，姓为目”，还有采辑历代人物的事迹，这都是从《万姓统谱》沿袭而来。

虽然《尚友录》的编撰体例对《万姓统谱》只有继承没有创新，但是在后世的流行上，我们可以看出来，《尚友录》比《万姓统谱》更受欢迎。这个原因我觉得是有两点：第一点就是《万姓统谱》的篇幅比较大，它有146卷；到

《尚友录》，压缩精简为22卷。我们现在从《四库全书存目丛书》可以看到，它篇幅不大，这样就便于购买和携带，比较方便使用。这是一个原因。但是更重要的原因，我觉得是它有一个好名字。原来《万姓统谱》就是把各个姓都收进去了，但是《尚友录》不一样，它的书名是从《孟子》里面来的："以友天下之善士为未足，又尚论古之人。……是尚友也。"（《孟子·万章下》）它有这样一层意思在里面。书名一改，市场就不一样了。所以给《尚友录》作序的一个地方官就夸奖说，他最喜欢的就是《尚友录》这名字。他说，原来《世说新语》、《万姓统谱》这些书虽然也流传，但只是被人作为谈资，就是说，有学问的人拿它显示自己的学问，作为谈论的资料。但是《尚友录》就不一样了，说"一更'尚友'名，顿令人获身心益"，马上就觉得可以尚友古人、尚友先贤了。不单是一个姓氏书，它也有树立人格典范的一层涵义。所以这位地方官就用韩信将兵，把赵兵的旗帜拔掉，插上汉兵的旗帜，壁垒一新，面目不同来形容。实际上就是说，换了好名字以后，书的价值就提高了。

这样我们就可以明白，为什么在清代以后重修家谱的热潮中，《尚友录》比《万姓统谱》更受欢迎。一般家族的家谱失散以后，民间社会不知道自己的祖先是谁，已经记不清了。可能历代也就是农民，就像我家里，原来就是这样。但是他们在修谱的时候，会找一个贤人作为自己的祖先，就是从《尚友录》里找一个名人，也是这个姓的，就把他认作自己的祖先，中间失传，就用省略号跳过去了，然后一下就到了清代什么什么人。这个书就为重修家谱提供了便利，因为本来是一个普通的人家，一下子就有了这样光荣的祖先，也不知道是真的是假的啊，反正家族的身份、地位、声望都不一样了。所以这和韩信用兵，把赵家的旗帜拔掉，换上汉家的旗帜是一样的，有异曲同工之妙。所以《尚友录》的流行，我觉得跟他起的这个书名有密切的关系。

当然，虽然书名改了，但是《尚友录》作为类书这个性质并没有变，它其实跟《万姓统谱》一样，都是以收集古今姓氏作为它的目标的。所以为了保留一些稀少的姓氏，像《万姓统谱》就会说，这一些很小的姓，本来人就少，好不容易在历史上有这么一个人，你要不收他，可能就缺了一个姓。本来《万姓统谱》也说，他收的都是杰出人士，但是现在这些行为不端的人，他也没办法，要把他收进来，这跟他的书名不牴牾。但到了《尚友录》，这个问题就有点麻烦了。因为它既然是“尚友”，选的就应该都是好人啊；可是他说为了姓氏的缘故，一些坏人，他在历史上留下了一些丑行，那也只好把他兼录一二，偶尔地收进去了。虽然他说千百中不过是一二，但毕竟破坏了书名“尚友”的意义。所以我们也就看到，作为一部姓氏书，他不得已作出了一定的让步。对于《尚友录》来说，由于他想收得多，就会造成很驳杂。这个驳杂也有人批评，就像我们刚才说的，他既然以孟子说的“尚友”作为期待目标，那有人就会说，孟子的“尚友”是那么的严格，取友是有很多标准的，可是你这个“尚友”怎么这么宽泛。有这样的质疑出来，当然他得作一些解答。但不管怎么说，这种意见说明他确实是想要兼顾到类书的性质和“尚友”这个目标，而这两者之间是有缝隙、有一些牴牾的。不过也有好处，就是因为它收的人多，一些百姓，一些《列仙传》中很奇特的人物，也被它收进来，这样反而对民间社会更有亲和力。所以我想它的流行跟这个也有一定的关系。

但实际上我们看，虽然廖用贤自己用了“尚友录”这样一个好名字，而他不管在《叙》还是《凡例》里边，对这一点并没有过分地强调和发挥。他反而更强调说，他编这本书不是专门为了考辨姓氏，而是要“有资于诗文”，就是要为诗文写作提供方便。这个说明倒是可以让我们领会，《尚友录》这部书确实是有意识地接续了从刚才我们讲到的元人《氏族大全》以下这些姓氏书的传统，就是说，他确实是想撷取一些有趣的故事、典故、文字，为写作提供便利。所以这也是《尚友录》在明清以后更为流行的一个原因。

总结起来，我们可以说，从《万姓统谱》到《尚友录》，都是采取以韵为纲、以姓为目，然后编排人物事迹这样一种编纂方式。当然，这种编纂方式不是《万姓统谱》也不是《尚友录》开创的，但是从体例更完善来讲，两本书还是很有功劳。特别是，廖用贤的《尚友录》在开启晚清“尚友录”系列图书的编印，在使得类书过渡到现代的辞书方面，它确实是不能够缺少的一个中间环节。以上我简单介绍明清姓氏书的一些情况。

二、从《尚友录》到《外国尚友录》

首先我想说明《尚友录》在晚清的编印情况或者说增补的情况。《尚友录》系列图书非常多，过去也没有人作过清理。这次为了讨论这个题目，我去好几个图书馆，包括北大呀、国图呀、上海图书馆，甚至华东师大图书馆，查了不下二十种《尚友录》，现在它的版本系统大致可以明了，但是也不能够说所有的都很准确。这个主要是因为我们的图书馆是从过去的藏书楼的传统发展来的，很多民间的图书，图书馆不重视也不搜集，所以版本残缺很多。我现在只能就我看到的，大致清理了一个版本系统。

《尚友录》在明代天启年间首印，到了清代康熙年间就出现了增补本。它在原来的《尚友录》后边，加了几个姓，添了几十个人名，这样补了一些，没有变动原书，还是原来的22卷。这个书在康熙年间印行的时候就叫《增补尚友录》。《增补尚友录》到了晚清以后，出现了很多很多的翻印本。这个翻印本后来大部分都叫《校正尚友录》。其中有一种，就是上海的点石斋印行的。大家都知道《点石斋画报》，这个点石斋其实除了画报外，还有很多的出版物。它在1888年的时候印行了《校正尚友录》，同时还印了另外一部书，就是《尚友录续集》。《续集》的编辑是为了补《尚友录》的缺失，所以它的时代的截止期与《尚友录》一样，都是只编到宋代为止。而且它的卷数也照样是22卷，都是按照原书来做的增补。点石斋这部书出来以后，也有不少翻印本。当时出《尚友录续集》的时候，点石斋其实有一个预告，说它还要出《续尚友录》20卷。因为《尚友录》和《尚友录续集》的人物都只收到宋代，《续尚友录》就要接着来，汇录辽、金、元、明四代的人物。但这只是一个预告，到目前为止我还没有查到书，我不知道它究竟出版了没有。不过，我估计是没有出，因为后来看到了另外一种，叫《校正尚友录三集》。这个第三集就专收所谓“辽金元明四朝”的人物。后来又有一种叫《国朝尚友录》，从题目就可以知道，它收的是清代人的事迹。所谓“三集”只有十卷，而《国朝尚友录》有八卷。《国朝尚友录》改名叫《校正尚友录四集》，这四部书后来也有人把它们统合编在一起，就叫《校正尚友录全编》。这样从远古一直到清代的人物，这一套书里都有了。这是《尚友录》在晚清的时候出现的各种版本。

全编本虽然把《校正尚友录》和各种续书合在了一起，可是里面的每一部还是保持了它原来编辑的模样。这样查找起来不太方便，因为你可能不知道要找的人是哪个朝代的，这样一本本翻下去很麻烦，所以就有了一种统编本。统编本是 1902 年出现的，最早的一部就叫《增广尚友录统编》。它是把以前四集的《尚友录》完全打散，全部按照时代先后编在一起。但是它的顺序还是采用廖用贤的《尚友录》四部韵这样的编排方式，只是在宋代以后接上辽金元明，一直到清，这样排下来。所以这个书编出来也还是 22 卷，还是比较好用。这个统编本便于查找，显然有它的优势。

除了《增广尚友录统编》之外，到了第二年，就是 1903 年，又出现了一个本子，叫《校正尚友录统编》。这个是 24 卷本。此书后来更为流行，我想是因为它改变了《尚友录》所用的韵部，它用了当时读书人更为熟悉的《佩文韵府》的韵来编排。所以它取代了以上的各种本子，在民国以后还有翻印。

如果从刻印时间来看，我们刚才讲到的两种统编本是出现在 1902 和 1903 年，而这个时期也正是《尚友录》系列图书出版最集中的时段。根据我看到的《尚友录》各种版本，像 1902 年，我知道最少有四种版本；1903 年，最少有六种版本。我说的这四种、六种，还不包括市面上在继续卖的、以前书局印过还没有卖完的各种《尚友录》的存货，所以很能说明《尚友录》

非常流行。

我觉得最能够说明《尚友录》图书热销的是一部书，叫《二十四史尚友录》。它是 1903 年印出来的，但实际上，它是把雍正年间的一部旧书——原来叫《氏族笺释》——改头换面，给它加了一点内容，就是补了一卷所谓《国朝尚友录》。但是它这个《国朝尚友录》没有收多少人，跟八卷本的《国朝尚友录》完全不能比。它补了一点清朝人的传记，就题名为《二十四史尚友录》，也借着《尚友录》热销的势头推出。由此可以证明，《尚友录》当时确实是大受欢迎，它可以让书商获利。如果大家看一下周振鹤教授编的《晚清营业书目》，里面收了很多书店、书商做的广告，其中也有各种各样的《尚友录》的书。而且刚才我们讲到的所有这些《尚友录》，其实都是上海印的。从这里就可以看出来，由于当时上海率先采用了石印，在印刷技术方面领先，所以它的成本低，价钱便宜，行销就广。上海在当时作为近代出版业最发达的地区，这个情况从《尚友录》的出版也可以得到证明。

我刚才讲到 1902 年和 1903 年最少出了十种《尚友录》，这些《尚友录》里边，我觉得最值得关注的就是《外国尚友录》和《海国尚友录》。《外国尚友录》是 1902 年出版，《海国尚友录》是 1903 年出版。这两部书把《尚友录》原来只是尚友古人的编纂传统，现在延续到海外，国外的一些人物事迹也编辑进来，证明编纂形式相当传统的书，可以有不一样的内容。它们的固定目标读者群是设定在讲西学的人，为这些人提供阅读与检索的方便。

这两本书的作者情况其实很难考证。尤其是张元，到目前为止，我对他几乎是一无所知。除了从序里边，我们知道他当时是在一个新式学堂读书，这个学堂是哪一个学堂，其实现在也搞不清楚，因为《外国尚友录》的出版资料完全空白。另外一位吴佐清，现在还可以知道的是，1893 年的时候，他是上海格致书院的学生。在编《海国尚友录》这本书时，他的身份是一个教师，在教学生，我想应该也是在新式学堂吧。后来到

1909年的时候，他做过江苏省谘议局的议员。起码从这样一个简略的介绍我们可以知道，这两位作者都是新式学堂出身，这一点是毫无疑问的。

而这两本书，在晚清时候已是流传不广。其实我介绍的这些书，在现在大概都是比较稀见的书，都是只印了一版就没有再印。像《外国尚友录》，我是在北大看的，北图就没有。上海图书馆有一部，但是你用繁体字来检索查不到，因为上图把它录错了，录成了《外国尚书友录》。所以你要打《尚友录》，这本书是不会出现的。我发现上海图书馆的书目错误率好像比较高，跟国图相比，我经常发现它搞错了。我讲到的这三部书都是版本比较稀缺的。但是张元的书到民国年间还是被人家提起过，因为有一个书局在1918年的时候，想把《校正尚友录统编》，就是1903年的那部统编本，和张元编的《外国尚友录》合在一起，出一部《中西尚友录统编》。这是1918年的书商本来想做的一件事情。但是据我现在看到的结果，好像只印了前编，就是说，还是用旧版，印了《校正尚友录统编》。而后边的《外国尚友录》，在我目前看到的几个本子里都没有，所以我怀疑它根本就没有重新印。

这样看起来，好像张元的《外国尚友录》比吴佐清的《海国尚友录》影响更大，其实不一定。要是从编辑的水准来说，我觉得吴佐清的书要比张元的书高明许多。这主要是因为张元这本书编得很仓促，而且是“同学诸友”一起来编，大家分头抄录，就会比较混乱。这个问题下面我还会讲到。《海国尚友录》不一样，是吴佐清一个人编纂的，而且是他有心得的。平常教学生会讲到这些，他也比较留意，注意收集，然后把他平时所得汇集起来。这本书的编辑体例也比较完善。除了正文六卷以外，他还增加了两卷：一卷叫“补遗”，一卷叫“附考”。“补遗”和“附考”的功用后面我们还会讲到。

《外国尚友录》编得比较匆忙，张元这个编者，除了署了个名字，我们没有看到他对编纂意图有什么说明，因为没有他写的序，也没有凡例。

反而是有两个外国人给这部书写了序。一个外国人的头衔是“游历英、法、义、比教士”，就是游历过英国、法国、意大利、比利时这四个国家的传教士，叫福格斯，他写了个序。他的序写得也很好玩，他的重点是说“尚友”，以前只是尚友古人，这是不够的，现在要尚友到外国去。为什么有这样的必要呢？因为现在世界五大洲交通都很便利了，什么轮船、火车都发明出来了，各个国家的人互相来往也很频繁。所以中国人应该要打破这种民族、国家的界限，“相与观摩”而“尽善”，应该去学习别人，提高自己。而“尚友西人”，照福格斯说起来，目的是要学习西方，来“自强”，来“致富”。从这个角度考虑，他觉得中国在当时要赶快多译西方书籍，这样你就可以知道“新政何者为要，新法何者为精”。他认为，《外国尚友录》编辑的目的、意图是很远大的，是要“保我四万万黄种之人”，“固我二万万神州之地”。听这个口气，你不知道他是外国人，或者你会觉得他像白求恩，为中国尽心尽力。另外一篇序，也是一个很有名的人写的，他是日本的副岛种臣，做过日本的外务卿和内务大臣。他的序就不再绕弯子，要中国人尚友什么，他直接说明了这本书的价值所在：你看了这个书，全世界的事情你就都了解了。我们从这儿可以看出来，这两个作序者对这本书的认同，认为它最重要的功劳是融会新知，把新学知识包容在其中。它和传统的姓氏学著作考辨姓氏、有助于诗文写作这个编纂目的完全不一样了。这是从编辑意图来讲。

《海国尚友录》的编者吴佐清与张元不同，他很认真，自己写了个序。序里边讲到他的编辑意图，讲得非常清楚。当然从他的时代出发，他首先要讲破除鄙视夷狄这样一种偏见。他首先讨论东方和西方各有自己的文明传统，盛衰的时期不同。从中国来说，近代正好是中华文明衰落期，碰到了西方的强盛，发生冲突的时候，中国就吃亏了。因此他觉得，在这个时代里，中国人应该了解西方。他编辑《海国尚友录》，就是为了给读东方西方历史的这些学者提供方便。这是对编辑意图的表述。

从这两部书的引用书目来看，其实它也很规范，像我们现在的博士论文后面都有引用书目一样，它的书目是放在最前面。《外国尚友录》开出的引用书目48种，其中只有四分之一，12种，是日本人或者中国人自己写的，其他36种都是从西文译出来的。这是它的引用情况。《海国尚友录》跟它不太一样。《海国尚友录》的书目只有42种，比《外国尚友录》要少。但是它的特点是更注重从《海国图志》以来的中国人自己编纂的书。因为《外国尚友录》中这类书很少，大部分是翻译西方人的著作。除了重视中国人自己写的书，另外还有一些西方的名著译本，《海国尚友录》都开进去了，像《天演论》、《民约论》等等。这些书在《外国尚友录》就没有。同时它也开列了一些宗教、天文、力学方面的书，就是一些专业书，这也是和《外国尚友录》不同的。虽然两部书都列了四十多种引用书目，但是真正重合的只有14部。所以从这儿也可以看出来，这两部书的取径是有差异的。当然，他开了引用书目，并不表示所有的引用都在这个范围内。我们可以看到，很多书是超出了他的引用书目。特别是当年有政治忌讳，就像梁启超的书，两家都引，但是两家都不出书名。就是说，两家书目里梁启超的书都是被回避的，因为当时梁启超还是清朝政府的通缉犯。所以这个引用书目只能作为参考，它引用的范围应该说比这个更广。这是我们简单介绍从《尚友录》到《外国尚友录》的一些最基本的情况。

三、从《外国尚友录》到《海国尚友录》

我们还是把它分出一个层次来。虽然这两部书，像我刚才所讲，出版相差只有一年，而编辑应该是同时，《海国尚友录》也是1902年编纂的。所以一开始我就声明，这个阶段的划分只是为了便于叙述，便于大家理清线索，并不是真正标志它们出版的时间或者编辑的先后。

《外国尚友录》虽然在编辑内容上已经面目一新，但是其编辑体例却是一仍旧贯，还是延续了《尚友录》的传统，所以作者没有作任何的介绍，连凡例也省略了。只是传教士福格斯在序言里交代了一句，说这个书是“分韵摘录”，我们就明白，它跟《尚友录》的做法是一样的。另外再配上一个引用书目，这就是它大体的编排形式了。

《外国尚友录》10卷，记录的人数，我数了半天，是864人。当然，这只是864个收录条目，并不表示它的实际收录人数。实际收录人数我觉得很难统计，因为晚清的人名翻译非常混乱，一个人有好多译名。在这本书里就出现了这种情况，同一个人在两三处可能都收录了。

我的提要里面也举到一个例子，就是法国的孟德斯鸠。他有三个译名，一个叫蒙的斯鸠，一个叫蒙特斯邱，一个叫孟的斯鸠。三个译名收在不同的韵部里边：一个是在卷一的一东韵，就是“蒙的斯鸠”和“蒙特斯邱”，前后相连，但是没有合在一起，因为他不知道这是一个人；后边这一条“孟的斯鸠”，因为变成去声了，所以在二十四敬韵，到了第八卷，我们才可以找到这个条目。因为译名的纷繁，就使得刚刚接触西方读物的人很难把它们还原到一起。编这个书的都是学生，他也不了解这三个名字是不是一个人，不敢轻易合并。

关于该书的资料来源，我想说明一下。以孟德斯鸠为例，可以考察它的资料来源。第一条“蒙的斯鸠”文字比较长，说明他是法国人，出生在哪一年，他年轻的时候做了哪些事情，后来写了哪些书。他到国外考察，写了《罗马盛衰原因论》，写了《英国政体论》等等。最重要的一部著作，它也说明了，是《万法精理》，这本书1750年正式出版，是作者花了二十年精力来完成的一部巨著。说这个书出版以后，全国的思想言论为之一变，“真有黄河一泻千里之势”。而且说，只过了18个月，《万法精理》——现在这本书叫《论法的精神》——这本书就重版了21次，可以想见它的声望。条目说，现在欧洲各个文明国家，都是按照《万法精理》来治理国家的。所以它说，蒙的斯鸠是地球政界转变的一个枢纽。最后也讲到他哪年去世，多少岁等等。这是一条。这条从哪儿来的呢？我考察了一下，它出在梁启超的《饮冰室自由书》。这个《饮冰室自由书》最初是梁启超在《清议报》上开的一个栏目，《饮冰室自由书》在1899年12月，《清议报》的第32册上，就登了这一条，叫《蒙的斯鸠之学说》。《外国尚友录》中的这段话，就完全是从《清议报》的这篇文字借用过来的。当然，除了《清议报》，这篇文章后来也成书了，就是《饮冰室自由书》的单行本，在1902年就出版过，所以也很方便得到。现在这一条已经从《饮冰室合集》里面去掉了，但是1902年出的那个《饮冰室自由书》里还有。《外国尚友录》的这一段文字，就是从梁启超的《蒙的斯鸠之学说》里面摘出来的，它只是去掉了中历的出生年份，本来梁启超还注了“康熙二十八年”，这个部分它去掉了。另外，它也把梁启超对《万法精理》内容的介绍去掉了。所以从这样一个摘录重点就可以看出来，《外国尚友录》关心的主要是人物的事迹，而不是他的学术。学术方面都是非常简单的介绍，不可能花很多的文字。所以学术部分的介绍只有评价，没有具体的内容。这是第一条。

第二条文字从哪儿出来的呢？它和英国的传教士李提摩太有关。他和一个中国人合译了一本书，这在晚清也是非常流行的西方历史学著作，叫《泰西新史揽要》，是西方一部新编历史的简读本。这里面就有关于孟德斯鸠的一段话。它讲“法国名宦”，法国一个著名的官员“蒙特斯邱新著一书”，就是这本《万法精理》了。《外国尚友录》在把它抄进来作为一个词条的时候，就把“法国名宦”作为孟德斯鸠身份的介绍。前边那条还说孟德斯鸠是法国人，然后讲他有很多学术著作；这条就变成了一个法国官员，这个介绍显然是不恰当的。另外，里面还把一些话抄错了。其中讲到《万法精理》让法国人读了都很羡慕，所以法国后来治国的方略就是以英国的制度为典范。因为《万法精理》欣赏的是英国的君主立宪制，这就是所谓“以英制为准则”。但是《外国尚友录》抄错了，变成以“英主”——英国的皇帝——为准则，就搞得莫名其妙。

从这样一些细节都可以看出来，《外国尚友录》编排的时候比较匆忙，抄录的时候也有比较多的错误，像孟德斯鸠这样的人名，还有反复出现的情况。因为它不是一个人做的，虽然只署了张元一个人的名字，但实际上在摘抄的时候，它是同学分工合作，每个人负责几本书去抄，抄完以后再汇合到一起。但是在汇合的过程中,也不是很仔细,不是很认真。所以我们就看到像梅特涅——大家都知道的奥地利的首相——这个条目就先后出现了两次,非常奇怪,明明能看得到的;而且这两段文字都差不多,只是有一段抄得稍微短一点。但是它就会把那两条同时并列在那儿,而这两条文字都是从梁启超的一篇传记里面出来的。梁启超这篇传记叫《匈加利爱国者噶苏士传》,"匈加利"就是匈牙利。第一条不但抄了梅特涅在外面如何操纵列邦,在国内怎么压制民气、摧残民权等等,而且抄得顺手,就连所谓"时势造英雄,噶苏士实此时代之产儿"这些话,就是关于匈牙利人噶苏士的事情都进到了梅特涅的条目里边。可见他抄的时候非常马虎,也根本不管应该到哪儿截止。

所以,从这样的抄录方式来看,这本书编得确实很草率。当然,从编者的角度来考虑,他是希望尽可能地多收人物,所以有一些人物的重出跟这个有关系。他可能知道是同一个人,像梅特涅就太明显了,但他还是弄了两条出来,因为他觉得越多收越好。甚至还有一些人,我们认为根本就没有收录的必要。比如它里面有一个人叫铁雪子,关于他的说明只有两个字,"未详"。你不知道他是什么人,你把他抄进来干什么呀。但是这也是一个条目。

而且,因为编者是直接从一些现成的书里面抄出来,书中如果没有提供这个人充足的生平资料,那我们读起来也是面目模糊。我举一个例子,《外国尚友录》里面有一个条目叫"姚哥",它是说"西儒",就是西方文人姚哥有一句话,叫"妇人弱也,而为母则强",就是说,女子是比较软弱的,但是她做了母亲就很强大。他说弱妇可以为强母,就是因为她爱护自己的儿子。"至诚之一念",使得她平日虽然娇不胜衣,情如小鸟,依恋别人,但是为了她的儿子的缘故,她可以孤身往来于千山万壑之中,虎狼吼叫、鬼怪出没也无所畏惧,无所回避。所以他说,热诚能改变一个人的性格。这段话抄进来了,但是姚哥是谁?西国到底是哪一国?他是什么人?他生平做了什么事情?都不知道。有什么著作?也不清楚。但如果知道它的出处就明白了，它是从梁启超很有名的《新民说》，里面有一篇叫《论进取冒险》，从那里抄出来的。因为原文没有提供那些资料，所以编者把它胡乱抄进来，也没有能够给它作点补充。而在抄录的过程中，它又有很多的错误。这里面最可笑的一个错误，就是梁启超用了“情如小鸟”，形容女子平时非常依赖别人，像小鸟依人一样；但是由于排印错误，变成了“情如山岛”，形容女子像山岩那么坚硬，跟原来的意思完全不同。这样的错误，我们如果仔细地去对照，会发现非常多。

从这样的抄录办法我们也可以看出来，《外国尚友录》抄的格言警句，不能够给我们提供确实的、准确的知识。其实也说明，它还受传统的姓氏书编纂目的的影响，就是说，它要为诗文写作提供一些典故。这个目的倒是可以达到。《外国尚友录》和传统趣味还有相应合之处，这从它对琐闻轶事的爱好也可以看出。

我们举“牛顿”这一条为例。牛顿在书里有两条。一条就叫“牛顿”，这一条很正确、很完整地记述了他的生平情况，他的出生，他的学术贡献，他如何发明无穷数，发明地心引力等等。另外一条叫“牛董”，其实也是牛顿，但是讲的事情和那一条完全不相干。它也会说明是英国人、物理学家等等，但是它主要讲的是什么呢？它说牛董终身没有娶妻，为什么没有娶妻呢？说他小的时候就很好学，每天除了吃饭、睡觉，就是在读书，没有时间考虑这个问题。到中年以后呢，他事务繁忙，交游广泛，所以也没有时间去谈恋爱，一辈子就没有婚配。这就是它的主要内容，就是介绍牛董的故事。这对我们理解牛顿好像没有什么特别的帮助。这一类情况在《外国尚友录》里面还挺多，说明《外国尚友录》确实对琐闻轶事有偏好，跟传统的姓氏书的编纂，跟它的兴趣、兴奋点有关系。当然，很多的琐闻轶事对读者来说，可能也会提高兴味。如果都是一些简单的生平介绍，那就只能作为工具书来使用，平常读起来就不好玩了。

下面讲一下吴佐清的《海国尚友录》。它在编纂体例、编纂态度上都要比《外国尚友录》严谨，从体例上来说，它也更精密。表现在它有两个补充的部分，就是我们前面说的“补遗”和“附考”。这个“补遗”是干什么用的呢？吴佐清自己在《凡例》里面有一个说明，他说他所收录的这些人物，一定要考证精确，他才会把他收进来。如果有疑问，就像“未详”这种东西，他不能收。他一定要知道他是哪个国家的人，他生活在哪个时代。如果每个人的说法不一样，他说他就“不敢妄为臆断”，不敢随便认可一家。遇到这种情况，他就会把这个人物放在补遗卷里，“以待考订”。以后考证清楚了，再恢复到正文里边去。他收录的人物，正文 614 人，补遗卷 274 人，差不多三分之一的人是放在了补遗卷里边，认为没有把握、不能确定的，留待以后再考察，这说明了他的谨慎。这是所谓补遗卷。

他又设置了附考卷。附考卷主要是把一些涉及到的外国的地理情况、历史情况作一个说明，所以他说是为了给初学的人提供方便。附考分了两个部分。一个叫“引用国名考”，比如讲到意大利呀、德国呀，就要对这个国家作一个大致的介绍，所以“引用国名考”里也包括一些提到的地名。另一部分叫“引用故实考”，就是关于人物的一些历史典故，包含的面其实相当的广。这两部分的设置是和《外国尚友录》不一样的体例上的一些突破。

最大的突破，或者说《海国尚友录》和《外国尚友录》最大的差别，就是吴佐清抛弃了廖用贤以来的《尚友录》“以韵为纲、以姓为目”这样一个编排的体例，把它改成以时代先后为编排根据，这应该说是《海国尚友录》最突出的特点。从时代先后来说，按照当时读者的知识水准，它的条目是完全采用了中国的朝代纪年法，就是在西历前头，他一定加一个中历，比如康熙多少年，然后再还原成西历多少年。全书的编排，他既然说要按照时代的先后，怎么办呢？他就从唐虞开始，夏商周一路下来到国朝——清朝，这样编排，外国人物也就进入了中国的时间序列中。每个人他都会考察他的生活时代，都会作说明。比如“柏拉图”这个条目，他就会记他生在周考王十二年，然后下面说，“即西历纪元前四百二十九年”；死在哪一年同样是这样的表述。我们现在看起来很可笑，但是在当年，如果没有中历来配合，当时的中国人确实不知道柏拉图是哪一个年代的人物。所以，他这样写是为了方便当时的读者。这个工作量可想而知，你要把每一个人的生卒年还原到中历，还要讲得这么精确，确实很困难，因为它有一个排列先后的问题。所以对吴佐清来说，这是一个工作量很大、很难的事情。特别是当年，我们可以想像，他一个人的力量，资料又不齐备，工作确实很难做。他的“补遗”里面才会出现这么多的人，这是因为没办法搞清楚这个人到底生在哪个人之前，搞不清楚就只好进入“补遗”了。

那他为什么会想到不按传统做法而用时代先后来编排呢？吴佐清还是有很深入的考虑。他的理由就是说，因为“外国人名，译音不一”，晚清的翻译人名千奇百怪，怎么能以一家的翻译作为定音呢？他觉得不能以一家为根据。另外他说，还有一些是原来的韵部里没有的字，这样的姓名，对使用廖用贤《尚友录》那样的体例也是不合适的。所谓韵部里没有的字，主要是因为晚清翻译西方国家和人物的名字，最初都会加一个口字边，这样的字在古代韵部里可能没有，那你把它放在哪里呢？他觉得这是个问题。晚清的外国人名确实有太多的译名，所以我们觉得《外国尚友录》也情有可原，它见一个收一个，这当然是一个最保险、最省事的办法。就是说，他不去分辨是不是同一个人，没有分辨的能力他也就不分辨。而吴佐清要考证人物生卒年，排列先后，要把众多的译名还原到一个人身上，这个工作量是非常大，也是非常困难的事情。从当时的条件来说，吴佐清虽然想到了，但是他没有能力做到，所以重收的情况还是会出现，这是不可避免的。但是他也确实在这方面做了比较大的努力，尽量把译名集中还原。

我们可以举苏格拉底这一条为例。他用“梭格拉底”这个译名作为条目的名字，但是在主名之下，他又另外列出了五个译名。在正文的末尾，他还逐一交代了这五个译名的来历。这确实能够给当时的读者提供方便，因为大多数的人是不了解这个情况的。虽然吴佐清说怎么能以一家的译名为主，但实际上他必须先确定一家，而把其他的作为附录。由此产生的意义，在统一译名、统一翻译的名字上，《海国尚友录》是有功劳的。虽然吴佐清没有说明他是以什么为原则确认主名，这么多译名他选哪一个为主，但是我们可以想像得到，应该是最常见、通用的会优先考虑。苏格拉底这个名字的使用，他用了“梭格拉底”，就是因为梁启超曾经大量使用过这个译名，而且他1897年在《变法通议》里面就用了。像这样一些经过名人使用的译名往往容易流行，所以《海国尚友录》里收录很多。

我们想像得到，吴佐清是要做一个合并译名的工作。这样他就不可能像《外国尚友录》一样，抄一段话就完了，不能这么省事，他必须重新组织文字。所以同样是“孟德斯鸠”这个条目，我们就可以看出来，《海国尚友录》重新写过了，而且可以说是写得要言不烦，一些基本的要素都具备了。比如他写孟德斯鸠，说他是“法兰西国人，生于我朝康熙二十八年，即西历一千六百八十九年，卒于乾隆二十年，即西历一千七百五十五年”。然后说他著《万法精理》，就是刚才我们提到的《论法的精神》。说他这个书发明立法、行法、司法三权鼎立之说，这是孟德斯鸠最精要的一个概念。另外说他极言贩卖奴隶是不人道的，审讯的时候应该废除拷打，还有要设立陪审制度。并且说，后来的人都按照这个说法来做。这个条目跟现代辞书的写法已经非常接近了。当然这可能是比较特殊的一例，但是从这一例我们也可以看出来，吴佐清在重新写作条目的时候很用心。

从吴佐清编辑这个书的想法来看，我们看他的序言，觉得他承认西方文明有它的合理性，它的文明传统应该受到尊重。那是不是说，吴佐清的思想已经完全突破了传统的束缚？其实也不然。我们可以看到，它和以前的姓氏书比如《万姓统谱》，在道德层面的评价上也还是有相通之处。比如《万姓统谱》就说那些大奸大恶、罪恶昭彰的人是绝对不能收进来的，那样会玷污他的书，这是编者很自觉的一个选择。而吴佐清在《海国尚友录》的《凡例》里居然也讲，像法兰西议员在法国大革命的时候处死法国的皇帝路易十四，还有日本的处士刺杀日本的政治家，当时人都认为这是表现了民权，表现了正义，但是他说，我认为可能会开启“犯上作乱之端”，所以这些人我都不把他收进来。当然，从他的角度，他也可以说这是《尚友录》系列图书特定的限制，但是实际上也不完全如此。我觉得从这里边更能看出，《海国尚友录》并不完全是以影响历史进程的、或者说对人类社会有贡献的人作为选择的标准，他反而是更注重道德评价。这就使得它和传统的姓氏书更为接近，和现代辞书其实还是有一定的距离，因为他选择人物有一定的禁忌。

但是像卢梭这种人物，他还是把他选进去了。不过，选进去之后，他会心中不安。他会在“附考”里面再用一些文字，对卢梭的学说加以“消毒”。这就比较有趣。“卢梭”的条目讲了卢梭的生平以后，也说他的书是乱党之导火线，所以法国乱党出现了四次。这是他在正文里讲的。后面他在“附考”里边专门列了一条，就是关于“卢骚言平等自由”，这里面就对卢梭作了很多批判。当然不是自己出面，他用了各个国家很多学者的著作，他们如何批判卢梭的，把这些引证了一番。然后又对“自由”作了一个界定，说从来没有听说过有叛乱的自由、违抗禁令的自由权啊。所以他说，民权如果发展到“无君”，就是废除君主，这是完全错误的。也就是说，他对卢梭的自由学说作了限定。除了对正文作补充说明，肃清流毒，当然更多的情况下，“附考”的功用还是提供更广泛的知识，便于读者理解条目中各个人物的事迹。因为条目里讲得比较简单，所以“附考”主要起了条目知识的延伸这样的作用。

总结起来可以说，《外国尚友录》在这个时代更具有标本的作用，它把新内容和旧形式、新知识和旧趣味混杂在一起。当然，它在那个时代里出现，因为编者希望完全凭借已有的资料，来为国人提供阅读西方书籍的方便，有他的不得已之处。在收录人名的重出上，因为缺乏判断的能力，避免出错，他就多收，多多益善，也有他的情有可原之处。不过，重出太多，有的明明很清楚地知道是同一个人，他还是分别排列，这就造成了混乱，使得阅读者无所适从。当然我们也能理解他的能力和条件不够，会有这方面的限制。不过我觉得，这本书的条目完全从以前出版的一些书里面摘录出来，如果以现代辞典的要求来衡量，有很多的缺失。这是它比较明显的毛病。而《海国尚友录》在这方面作了极大的改进。特别是吴佐清采用以时间先后为序这样一个编排体例，其实他是有意识地隔断了和传统姓氏书的联系。这是值得肯定的地方。但是同时，他也把道德标准放在一个很高的位置上，最终没有能够挣脱《尚友录》的藩篱。

四、从《海国尚友录》到《世界名人传略》

最后第四节——抱歉，我可能讲得有点长了，下面说得简单一点。——就是从《海国尚友录》到《世界名人传略》。刚才我们已讲到统一译名的问题，《海国尚友录》有这方面的努力。而统一译名在晚清这种译本纷出的情况下，确实也成为有识之士的一种共同要求。从实践的角度，应该说，在出版物里边，比较早注意到这个问题的就是《时务报》。《时务报》从1896年的12月梁启超编到第十三册，在每一册后头就开始出来一个新东西，叫《中西文合璧表》，它是把这一期翻译的外文报刊里不常见的人名和地名开列出来，就是原文、译名是什么样的，把它们合在一起，希望能够便于读者考核。这样以原文为依据的编法，好处是不管译名怎么变化，你终究可以找到它的原文作为依据，就是百川归一吧。

这样一个以原文为根据的编辑思路，和我们刚才提到的《外国尚友录》和《海国尚友录》以中文译名作为编辑的基准，这个思路是完全不一样的。像我们说的要规范译名，就是统一译名，和把中西文对照，这样就出现了英国传教士李提摩太倡议翻译的《世界名人传略》。

这部《世界名人传略》，按照《凡例》的说明，我们可以知道，它是由英国《张伯尔世界名人字典》——后面注了英文原名，*Chambers's Biographical Dictionary*，大家都知道就是《钱伯斯传记辞典》——从这里边选译而来。它一共收了一千多个名人，所以取名叫《世界名人传略》。《钱伯斯传记辞典》是西方很权威的一个传记人名辞典，英文初版本是1897年出来的。我后来查了一下，从1897年到1900年，它每年都出一版，是在两个地方轮流出：1897年版是在英国出，1898年版是在美国出，1899年版是在英国出，1900年版是在美国出。它其实从1897年版到1900年版这中间有修订。这个辞典收的人非常多，初版就收了一万多人。具体的收录人数，我看了它的序，也没有统计。如果要全文翻译，对晚清的人来说也是工作量非常大，不可能的事情。所以李提摩太的做法就是翻译其中一千多人的条目，而且指定由他1902年在上海设立的山西大学堂译书院负责。他对译书非常重视，聘任了专人担任这本书的总编。每一卷的翻译都有固定的人，而且这些人在每一卷署名，说明他要对译文负责任。最后全书也经过一个人校订。这整个过程我估算最少是做了五年。因为这中间山西大学堂译书院搬家，丢了几卷翻译好的，又重新把它补译出来，所以这个书到1908年才出版。我为什么说它用了五年时间？我是根据1903年的《万国公报》，上边有一篇文章叫《地球千名人考》。这篇文章的署名是山西大学堂译书局，但是从口气来看，我觉得是李提摩太自己写的。因为《世界名人传略》序言里面讲了，这所谓一千多个人的确定是由李提摩太一个人做的。所以我认为，《地球千名人考》文章的出现，就是这本书的编辑已经启动的标志。

《世界名人传略》和《尚友录》系列图书不一样的地方，就是它纯粹是以历史影响，就是所谓的“声名”作为评价和衡量的尺度。反映在书名上，它和“外国尚友”相区别，提的是“世界名人”。“世界名人”是没有道德层面的评价的，跟“尚友”不一样。李提摩太做这个工作，他怎么选择这一千多人，在《地球千名人考》也有透露。他说他当时想编一个《古今名人表》，他的做法就是先找了六种著名的传记，各国的名人传记，其中英国的两本，法国的两本，德国的一本，美国的一本。然后他把这里边每部书选出两千人，不过，我觉得他写错了，应该是一千人，选了一千个传记最长的人物，把他们的名字列出来，这样六本传记一共得到了六千人。这六千人里他再选择，就是说，至少这个人的传记三本书里收录了，这样再选一遍，就剩下了一千六百人。然后他再挑这一千六百多人里传记最长的，就挑出一千个。他说，这样不仅可以确定哪些人最有名，而且也可以知道他们在历史上的地位，就是位置的高下也可以看出来。当然从这个说法你也可以知道，他选的这个书肯定是西方中心。不过这个西方中心在当年我觉得还是有他的特殊优势，因为当时中国人就是要了解西方，所以他的西方中心实际上是他的优势所在。这样我们就可以知道，《世界名人传略》选取一千多人的来由和方法。

《世界名人传略》最大的特点就是以“西文原名”为根据，这个就跟我们刚才讲的《中西文合璧表》一样，一归原文。译者在《凡例》里也说，每个传记译名都要附列西文原名，开列他的生卒年。还有一条说明，如果传记里边出现了人名和地名，也会把西文原名列在上面。在译名旁边，他会做一个标志，1、2、3，等等，便于读者参考检查。以西文为基准，反映在这个书的结构上就是，实际上它的顺序完全是按照原书，“按二十六字母分卷”，这对中国人来说也是一个基本的知识要求。读这个书，你首先要知道二十六个字母的排列顺序。这个知识背景要求当然跟《外国尚友录》、跟以前的这些书都不一样。以前的书，你了解中国传统的韵书就可以使用了。这样一种查找人名方式的差异，实际上显示了中学与西学两种知识系统的分野。《海国尚友录》已经意识到以类书方式编排的限制，已经作了一些调整。但是吴佐清还是以中学作为立足点，这从他的时间，他是先用中历再用西历，这样一个使用方式也可以看得出来。

另外，《世界名人传略》为了照顾当时译文分歧的现象，还采用了两个补救的办法。一个就是说，他要用常见的人名、地名。如果有沿用已久的，他会照样使用。而且他重新翻译的人名、地名，都会用北京音，因为过去的翻译很多是从方言，比如是从广东话来译的。他要用北京话来标示，而且译名要统一，这个工作量应该说也是很大的。

第二个就是他在书的后面增加了两个附录。这两个附录值得特别介绍一下。一个就是《世界名人汉译检查表》,这个汉译检查表完全是按照《康熙字典》来编排的,按照部首排列法来检索。就是你从中文查到这个人名,然后看到他的西文原名,你再回到那一个字母,到那卷里面去查找。当然,它这里面也开列了卷数的页码,便于你回去翻查,有一个索引的功能。这个编排主要是为了给不认得英文字母的人提供方便。但是它用的是字典而不是韵部这样一种排列方式,可以说,《世界名人传略》是有意识地疏远姓氏书的传统,而认为《康熙字典》这一类书的编辑方法更接近于西方工具书的体例。

另外一个附录就是《世界名人时代表》,这个时代表应该就是《地球千名人考》里所提到的《古今名人表》,只是当时限于篇幅没有列出来,现在我们在《世界名人传略》里可以看到。它的做法也是按照商、周、秦、汉这样一个次序排列下来,先写这个人的英文或者西文原名,然后是他的中文译名,然后是他的生年,因为人物是按照时间先后排的,所以要写生年。但是在写生年的时候,我们会注意到是先写西历后写中历,和吴佐清不一样。所以从这个区别也可以看出来,吴佐清的做法还是我们刚才说的以中学为根基;而李提摩太本来就是西方人,所以他是以西学作为根基。

在译名的规范化方面,《世界名人传略》也有很多的贡献。它采纳所谓习见的译名,这些译名我们刚才也说了,都是经过一些名人使用。像梁启超啊,像严复啊,他们翻译或者是使用过的一些译名,也会更多地被接受。当然这不一定和现在的译名相符合,但当年还是能够起到有利于传播的功能。《世界名人传略》所提供的传记资料,西方人的部分主要是翻译的,所以它的资料准确度应该说比国内的《外国尚友录》、《海国尚友录》高。"孟德斯鸠"这一条就可以看得很清楚。但是它也有缺失。比如"孟德斯鸠"这一条居然写"卒年阙",哪一年死的都不知道。可是我们刚才说过,连吴佐清、梁启超他们都知道,西方人不可能不知道,而且原书也有,这可能就是翻译中出现的差错。

《世界名人传略》主要是介绍西方人，但是它也收了个别的中国人，我们看到的有三条。因为它面对的读者是中国人，所以中国人是一定要收录的。三个中国人进入到这里边，大家可以想见到的，第一个就是孔子。中间选的是谁呢？是玄奘，他曾经西行求法。另外，最近的一个人物就是李鸿章。“李鸿章”这个条目，如果比较一下西方辞典中的条目和现在我们看到的《世界名人传略》这个条目，其实是挺有趣的。因为李鸿章的去世是在1901年，修订后的英文辞条是在1899年的《钱伯斯传记辞典》里，那时候李鸿章还没有去世，所以庚子事变前后的内容应该是李提摩太他们加进去的。从中文的条目来说，它对李鸿章的评价非常高，特别是认为庚子事变以后，他作为全权大臣议和，有保全中国之功，认为这是李鸿章的功劳。但是西文的原本对李鸿章有批评，说在签订中俄密约的时候，他如何受贿，就是说，有一些负面的东西。这些东西在中文的条目里已经完全看不到了。

《钱伯斯传记辞典》1897年出版，而到了1908年，我们就已经看到中译本。这个时间应该说是相当地快，可以看出，晚清学界追踪西学的敏锐和求知欲的高涨。当然从翻译和整个编校、出版等等来说，它在晚清那种贪多求快的翻译风气中是一个异数。而且我觉得更值得肯定的是，到目前为止，这还是中国唯一的一部翻译的《钱伯斯传记辞典》，以后再也没有人做过这个工作。

《外国尚友录》这一系列图书并不是说到晚清就终止了，一直到民国年间还有续出。我知道的有两部。一部叫《医林尚友录》，它是30年代正式出版的，是把医生们尚友的人物汇集在一起。还有一部是个稿本，40年代编的，叫《女子尚友录》，全部是女性的事迹。这个稿本在上海图书馆有收藏。这两部《尚友录》其实只是用了“尚友”这个名字，它们编排的方式已经完全和原来的《尚友录》不相干。一个用的是部首排列法，就是部首检字法；还有一个，《女子尚友录》是根据笔画多少，一画两画这样的排列。它们都放弃了按韵部来编排，这是因为白话诗文的流行，使得传统的韵书已经失去了市场。所以在中国读书人的知识结构中，对于音韵的知识已经完全边缘化，或者说，很多人已经不知道了。这样，传统的《尚友录》的编纂系统，在经过了吴佐清以时代先后为序的改变，最终还是和《世界名人传略》采用的字典编排方式合流。再脱去“尚友”这层道德的外衣，像现在大家还在用的、1921年出版的《中国人名大辞典》就已经说了，凡是“重要人物”，“无论贤奸，悉为甄录”。到了《中国人名大辞典》这部书的出版，人名辞典从古代到现代的转变，可以说真正完成了。

对不起，好像讲得时间太长了。

提问与回答

戴燕：

谢谢夏教授给我们作了这样一个精彩的报告。她从人名辞典在晚清时候的变化，辞典条目的扩大，从中国人到西方人都有，它的内容的变化，就是包括这些词条的资料的来源，它的叙述，如何评价的变化，以及它的编排方式的变化，从四声韵，东冬支微到二十六个字母，重新编这个变化。我们可以看到在变动的时代，当西学进入到中国以后，中国的知识系统、知识结构有一个变化，从音韵到年代，甚至道德评价，都发生了种种变化。夏教授真的是讲了很多有趣的故事，对我来讲都是闻所未闻的，而且她有很多细致的分析，都很精彩。底下还有一些时间，大概有十分钟，开放给听众。大家可以提问。

学生：

夏老师，我知道你对姓氏很有研究，不知道你能不能给我们讲一下中国人的姓氏大概有几个来源？

夏晓虹：

其实我对姓氏应该说没有特别的研究。做这个题目纯粹是因为参加了一个国际项目，是要研究晚清的百科全书。我自己因为正好看到了几部外国的人名录，是在晚清出来，它们很特别，我就想借这个题目，讨论一下从类书到百科全书、就是现代辞书的变化。但是对姓氏的来源问题，我没有太多考察。不过我觉得这样的书很多，就是姓氏学的书，包括《百家姓》啊，已经出版了一系列，什么郑姓啊，李姓啊，等等。如何你有特别的兴趣，可能看这些书比从我这儿获得的知识更多。

学生：

福格斯的序有没有可能是伪造的，借此以增重？

夏晓虹：

我觉得这个可能性不是特别大。当然从福格斯来说，是不是他自己用中文写的，是有问题，有可能有人帮助他。为什么呢？我觉得那时候的书如果要提高身价的话，他好像应该找那些地方官员来作序，对他的书的流行更有用。如果是谁也不知道的传教士，好像没有太大的帮助。我本来是怀疑福格斯，他应该是这个学校的教员，但是确实有关福格斯的传记资料我也没有找到，所以很抱歉，没有办法考证清楚这中间的关系。但是从文字来看，应该是专门为这部书写的，好像也不是套用。就是包括副岛种臣的序，也应该是专门为这个书写的。但是你说怀疑不是福格斯所写，我觉得两边都没有很确凿的根据吧。

学生：

夏老师，《外国尚友录》、《海国尚友录》有没有收录日本等东方国家的人物？

夏晓虹：

这两本书里边，日本的人物肯定都有收录，但是朝鲜、越南这些国家的人没有收录。因为《海国尚友录》特别有一个说明，它说朝鲜、越南啊，过去都是中国的附属国，所以他不认为它们是外国。他说这些人是排除在外的。但日本的有。

学生：

夏老师，你刚才讲到那些外国尚友录按韵划分，有没有按照国家来划分的，他们有没有考虑到按照地域来划分的？

夏晓虹：

传记有，比如说《泰西各国名人言行录》啊，那个传记是按照各个国家来划分的。但是辞典方面我没有看到。其实，除了这两部外国尚友录，我还看到过一部《泰西人物韵编》，那个书也是按照韵部来编的，它也全是西方，就是外国人的人名录，但是也没有按照国家来编排。可能对于这些编者来说，这是哪一个国家的人，有时候也不是特别的清楚。比如像我刚才说的姚哥，就是雨果，编者就不知道他到底是法国人还是英国人，所以他就很简单地说是"西儒"，西方的文人。在那个年代，可能用国别来划分还是有一定的限制，起码他收录的范围就会比较小。要先确认这个人是哪个国家的，这对他来说会有麻烦。目前为止，属于这一类的书，我想我大概都看到了，加上刚才谈的《泰西人物韵编》，晚清只出过这四部世界人名录。这些书，包括翻译的《世界名人传略》，没有一部以国家、地域来划分。

学生：

好像日本人在这个时期也编过不少人物传记书，当时中日也有交流，不知道在从传统的姓氏书向现代辞典的转化过程中，有没有受到日本的影响？

夏晓虹：

我想其实也应该有，因为日本的一些传记也有译本，在1902年之前或者这个时段都翻译了不少。但是具体的我没有作文本的比较，不过，我相信，有一些内容还是会进入。因为起码梁启超关于一些人物的生平资料，我认为，他都是从日本的一些传记或者辞典里面摘录出来的，包括孟德斯鸠这一类。我想，"孟德斯鸠"这个条目，梁启超主要是从中江兆民翻译的《理学沿革史》来的，因为那里面有对孟德斯鸠的很长的一段介绍。所以他有借鉴日本资料，这个没有问题。但是究竟说哪一些被引用，这个需要具体来查考。

学生：

夏老师您好，我想问像《尚友录》这一类的书他编纂的时候主要的资料来源是什么？

夏晓虹：

《万姓统谱》和《尚友录》啊，都写了它的资料来源。像《尚友录》说，是从《世说新语》还有以前的《氏族大全》那些姓氏书，还有很多地方志，比如《大清一统志》，包括各地的郡县志，一直到子书、史书，二十一史等等，都是它的资料来源。应该说它借鉴了以前的姓氏书的一些东西，另外再根据那些资料作了一些补充。两部书的情况应该都差不多。

戴燕：

我们今天就到这儿结束，再一次谢谢夏教授作的这个报告。

欧美汉传佛教和藏传佛教研究

主讲人：卜正民(Timothy Brook)

主持人：葛兆光

卜正民

加拿大不列颠哥伦比亚大学圣约翰学院院长、牛津大学教授，著有《为权力祈祷：佛教与晚明中国士绅社会的形成》（*Praying for Power：Buddhism and the Formation of Gentry Society in Late-Ming China*）、《纵乐的困惑：明代的商业与文化》（*The Confusions of Pleasure：Commerce and Culture in Ming China*）、*The Chinese State in Ming Society*、*Collaboration：Japanese Agents and Chinese Elites in Wartime China* 等。曾获美国亚洲研究学会列文森奖。

葛兆光 | 复旦大学文史研究院院长、历史系教授，研究领域为中国宗教、思想和文化史。

葛兆光：

各位，我们今天的复旦文史讲堂，非常高兴邀请卜正民教授来给我们做演讲。我们中国大陆的学术界对卜正民教授的了解，大概是从一本比较早被翻译成中文的书，就是《纵乐的困惑》开始的。不过实际上，他的另一本翻译得比较晚的书——《为权力祈祷》，其实是他更早的一本著作。记得我在台湾大学教书的时候，跟台湾的一位朋友讨论他的另外一本关于汉学的知识系统的书，曾经有过对卜正民教授比较多的讨论。他的知识范围非常地广。今天他要给我们讲的一个题目，是欧美的汉地和藏传佛教研究。我们都知道，在中国大陆，对于佛教的研究常常是归在哲学系，而中国的佛教研究比较多地集中在流派、人物和典籍上，像卜正民教授这样在社会史和政治史的脉络里面讨论佛教的人比较少。他身在欧美学术界，对于欧美学术界的汉传、藏传佛教研究应该有比较多的了解。现在我们就欢迎卜正民教授给我们讲演。

卜正民：

我今天吓坏了——我以为我要参加一个很小的座谈会，现在看来是一个正式的讲演了。我很害怕，真的。（听众笑）而且我的中文讲得很烂，就请大家耐心一点吧。我首先要对葛兆光老师表示感谢。

今天我想讲欧美对佛教研究的史学史，即欧洲、北美洲的学者他们怎么看佛教。我想从中世纪开始讲这个故事。这个故事很复杂，我们有几个问题。第一，宗教是怎么一回事？第二，佛教是什么？我们现在看这些词，看宗教这个词，佛教这个词，好像知道我们所讲的是什么。可是它们的内涵是历史上形成的。18 世纪，欧洲没有 Buddhism 这个词，这个词还没出来，所以“佛教”一词的产生经过了很长、很复杂的过程。我不是说，18 世纪以前没有佛教，当然是有佛教，可是当时的欧洲人不知道什么是佛教，现在我们知道，但当时他们不知道。所以我今天讲的，就是要搭一个桥，从现在回到过去，来讲欧美对佛教的一些认识过程。

我从“宗教”这个词开始吧。宗教的英文就是 religion，大家都知道。religion 的意思原来是“跟过去有联系”。我们通常用天主教的经验来了解这个词。欧洲中世纪，天主教不是惟一的宗教，还有犹太教，还有伊斯兰教。可是犹太教和伊斯兰教不是主流，主流是天主教，天主教的传统得到人们的认同。所以，天主教从耶稣的时代一直到中世纪，有这样一个承续，这个承续就是 religion。所以，对于中世纪的欧洲人来说，如果要讲宗教，他们只讲天主教，别的教都不是宗教，而是异教，不是 religion，而是 paganism。所以中世纪的天主教，相当于欧洲的国教。

到 16 世纪，事情就复杂化了。16 世纪以前好像没有欧洲人研究天主教，因为天主教不是一个可以研究的东西。当然你可以研究承载它的文字——拉丁文。可是，思考天主教是怎么一回事，分析天主教，是没有人做的。到 16 世纪文艺复兴时期，有人开始对天主教提一些疑问，质疑它的文献基础是真的还是假的？有点像中国清代的考证学，检验很老的经典是真的还是假的。辨伪这个问题，就引出一门新的学问 study of religion，就是宗教研究——我首先要说我是外行，对宗教没有什么了解，我今天讲的是很随便的一些看法。

文艺复兴以后，出现了新教，因为欧洲学者开始研究他们自己的东西，发现天主教可能有一些问题，于是他们建立了新教。所以文艺复兴是推动宗教研究的一个因素。在16世纪，还有另外一个因素——我不是搞宗教学的，只是从我的专业角度来看——就是欧洲对世界开放。没有这个开放，就没有以后的历史。欧洲人开始到欧洲以外的地方去，他们发现有的地方的人不知道天主教是什么东西，他们不要什么天主，他们有别的信仰，有别的礼仪，或者说有别的宗教。欧洲人就反复思考，这是怎么一回事？有的欧洲人刚开始觉得这些都是异教。所以到17世纪，欧洲人觉得这个世界上有天主教，有伊斯兰教，有犹太教，还有“异教”，有这四种教，但又认为所有其他的教都是一个教，就是“异教”，对它们很看不起——这是基于他们的标准。可是，碰到别人的信仰，碰到别人的一些传统，他们就要再看自己，问问自己怎么有这样的信仰，有这样的礼仪，有这样的一些看法，于是开始思考欧洲跟欧洲之外的世界的区别在哪里。所以从17世纪一直到现在，区别起到了非常重要的作用。区别就是一扇门，打开这扇门，找到差异和矛盾在哪里，就会发现另外一个思想领域。所以欧洲人开始有宗教学。

可是到18世纪，才开始有真正的宗教学。到19世纪，才开始把宗教作为一个专门的学术对象。在这个过程中，中国也作出了它的贡献。耶稣会的传教士到中国来，为了向中国人传播天主教，他们非了解中国的情况不可。所以他们学一点佛教，学得不多；学儒教，学得不少；道教，基本上不懂。（听众笑）可是经过这样的学习，耶稣会传教士，比如最有名的利玛窦，就开始写文章写书送回欧洲去出版。到17世纪60、70、80年代，欧洲人开始读这些关于中国的书。因为耶稣会对宗教的兴趣比较强烈，所以他们要重视中国人的信仰、中国人的传统，他们老在中国的一些经典里面去找可能跟天主教有类似地方的东西。所以在17世纪末，当时欧洲人对中国的认识，比现在欧洲人对中国的认识要正面。我这里讲的只是学术界，一些有教养、有学问的人。在17世纪末，你不懂中国，你就不时髦，就落伍，什么人都要知道一点中国的东西。耶稣会的传教士15世纪见到的中国，与17世纪末的中国，情况也不一样。在16世纪末的晚明，中国最热门的一个宗教潮流，就是“三教合一”。耶稣会传教士来的时候，就是“三教合一”的时代，这对他们来说很方便。他们来中国之前，对中国的宗教并不了解。中国人就对他们说，我们有三个教，你要了解我们，就要了解这三个教。所以刚来的欧洲人知道有一个儒教，一个佛教，一个道教。这些教的内容他们不一定很了解，可是他们知道中国有三个教。这是当时中国学术界的认识。一般的中国平民，对什么教都不太关心，一教两教三教，都没有关系，我想他们的信仰是一个有机的统一体，是真正的“三教合一”。一个知识分子讲“三教合一”，是因为他觉得有“三教”，应该想办法把它们整合起来；一般的平民对“三教”没有意识，他们只有一个教，我们用 folk Buddhism（民间佛教），folk religion（民间宗教）或者 popular religion（大众宗教）这样的词来描述。上星期我跟李天纲老师到金泽镇去，那是上海最西边的一个小镇。那天是阴历三月二十八，他们土地神的寿辰。我们去了一个庙，叫作杨震庙，在金泽镇是一个宗教场所。我问庙门口的人，这是佛教还是道教的地方？他说，道教就是佛教。（听众笑）没有什么佛教道教之分，就是一个教。

耶稣会传教士知道了有这些教，他们就给欧洲人讲中国有三个教。但15世纪到17世纪，欧洲的宗教也发生了变化。耶稣会传教士离开欧洲的时候，欧洲只有一个教即天主教。17世纪他们回去的时候，已经有两个教，新教和天主教。所以这些传教士给中国人讲欧洲，只说欧洲人只有一个教，我们都信仰教皇，所有的欧洲人就敬仰他，他是我们最高的领导。实际上可能有一些意大利人是比较尊崇教皇，而其他欧洲人对他并不在乎。所以在中西交流中产生了一些错误的认识。

欧洲人研究佛教，就是在这个背景下开始的。17世纪的传教士对佛教有很多不满，视之为竞争对手。中国人信佛教，不信天主教，他们要说服中国人信天主教。天主教跟佛教不一样，所以他们费了不少时间来说服。表面上天主教跟佛教是有类似的地方，可是根本上并没什么类似的东西。所以在讨论这些问题时，他们完全是用天主教的教规来看待佛教，他们没有办法理解佛教，却认为佛教就是邪教。他们是看不起佛教，而不是研究佛教，以致17、18世纪欧洲人对佛教的理解很有限。

到19世纪，新教的传教士来到中国，如果要描述异教的话，他们就用superstition（迷信），这是当时最流行的一个词。他们觉得佛教是中国最顽固的，最不好的迷信，要把中国人从这种迷信归化到新教中来。有一些传教士可能聪明一点，他们试图分析佛教里面是什么内容。从天主教或者新教的教义来看，他们知道一个宗教应该有一个上帝，没有上帝就没有宗教。除了一个上帝，还需要教义；就是你不能凭空想象，而要按照一些义理来了解宗教。另外还需要文本。在天主教看来，上帝要给人类宣讲，才写了《圣经》。所以没有《圣经》这样的教义，就不是宗教。上帝，教义，文本这三个东西，天主教有，新教也有。而在他们看来，佛教有没有上帝，这是很头痛的一个问题。佛是不是一个上帝？他们不了解。他们都知道释迦牟尼本是一个人，跟耶稣一样，是人，不是上帝，上帝应该是另外的东西。所以他们对佛教中有没有上帝这个问题好像很困惑。关于教义，他们知道佛教有很复杂的教义，可是跟天主教的教义没有相同之处，比如说吃素，天主教徒礼拜五不能吃肉，这很像佛教徒吃素的习惯，但他们在这个问题上搞不清楚区别——反正两个都是吃素。（听众笑）事实上，天主教的吃素跟佛教的吃素，根本不一样。关于文本，佛教的文本很多，有大量东西可以看。最认真的西方学者，就是从文本开始。他们不讲什么民间信仰，因为民间信仰太复杂了；也不大讲上帝，因为他们觉得，只有一个上帝，就是他们的上帝，佛教没有上帝；对于教义，他们倒比较感兴趣，于是他们从文本来探究。所以，Buddhism这个词，根据牛津英语词典，第一次出现是1801年，比较晚。我觉得，尽管欧洲人已经有两个世纪的认识，可是他们的认识并不充分。

19世纪初，英文书的书名第一次出现Buddhism这个词。1829年，有一本书*The History and Doctrine of Buddhism*（《佛教的历史和教义》），是一个叫做Edward Upham的人写的。这本书写得很乱，因为他了解的不多。他就是从文本来了解佛教的，不一定到街上去跟佛教信徒对话。Buddhism

这一术语出现以后——也可以说出现以前，欧洲人开始知道日本有一个佛教，中国有一个佛教，越南有一个佛教，斯里兰卡也有一个佛教，韩国也有一个佛教，有各种各样的佛教。（听众笑）这是一个东西还是几个东西？他们很困惑。开始的时候，他们觉得不是一个东西，中国的佛教跟印度的佛教没有关系，可能有历史上的一些联系，可是内容完全不一样。到 19 世纪，他们觉得佛教就是一个东西，实际上所有信佛的人都承认只有一个佛教，就是 Buddhism。所以直到 19 世纪，欧洲人才觉得 Buddhism 就是一个世界宗教。基督教是一个世界宗教，伊斯兰教是一个，佛教也是一个。但佛教也有它的特殊性，这就是，佛教是亚洲的主体宗教。道教不算一个宗教，儒教好像也不是一个宗教，印度教也好像不是。他们觉得，要了解亚洲，就要研究佛教。这样佛教研究慢慢地开始进入西方的大学。起初，大部分研究佛教的都是传教士，他们要到亚洲去，要了解亚洲，就要了解亚洲的宗教。也是到 19 世纪末，我们开始有佛教文本的英文本——他们开始翻译佛教的经典。

可是最困难的仍是“上帝”这个问题。佛教有没有一个上帝？我想大部分研究佛教的人觉得没有。他们为什么这么想？亚洲人有他们的上帝，那么天主教、新教就没有办法。他们希望亚洲人信仰基督教的上帝。如果亚洲人已经有了一个上帝，那就完蛋了，（听众笑）所以他们觉得，最好佛教是没有上帝的。这就成为一个传统，一直到现在，西方大部分研究佛教的学者觉得佛教没有什么上帝。当然佛这个人可能有很大贡献，有很深的思想，可是他不是劝人信一个天上的东西。他更强调“此岸”世界，不用上什么天堂。但是这个跟中国的老百姓看法是相反的，因为中国的老百姓如果信教的话，他们当然要有一个天堂，这就是“西天”，（听众笑）每个人都期待着他们死后飞到那里去。可是，普通民众的信仰跟西方认识的佛教好像完全是两码事，他们好像不愿意了解民众的一些信仰活动。可以说，在西方有一个比较一致的认识：我们觉得佛教就是修养自身的一种技术，不是信仰佛，不是信仰什么天堂，不是等到死后才可以飞到什么天堂去。对不少西方人，这样的一种哲学很好，因为很多西方人——我不知道我能不能说"大部分"，还是"小部分"——对老的天主教或者新教都没有什么信仰，基督教现在在西方不是那么流行，美国的一些地方可能例外，可是欧洲人对基督教现在兴趣不大。而且我们觉得，基督教的哲学，最根本的一些见解是错误的，它不能帮助人过日子，（听众笑）或者养生，或者对你有什么好处。上帝跟魔鬼的战争，是中世纪的事了，（听众笑）没有意思。所以，20世纪研究佛教的人，就慢慢从传教士立场转到一个比较客观的比较宗教学的立场，来研究佛教。

文本当然很重要，可是我们也开始对教仪感兴趣。现在专门研究佛教的学者对教仪是最重视的，你要入门，就要从教仪切入，而不要从文本切入。你当然要了解文本是什么意思，可是一个宗教不是脑子里臆想的东西，而是身体力行的东西，身体力行就是做礼仪。你的身体没有思想，但没有身体你不能从事宗教的活动。我们西方可能比较重视这点。

当然也有一些矛盾，对研究和信教之间的区别当然得有相当的认识。我认识的一些研究佛教的西方教师，他们大部分开始学佛教是到寺庙里边——西藏的庙，或者印度的庙，或者日本的庙——当和尚。然后就回到大学去，从信教转到研究。我想这是人类学的一个做法：如果不在一个信佛教的氛围里边生活一下，你就绝对没办法理解。你的脑子可以理解文本，可是你的身体不会了解佛教徒是怎么生活的。所以西方大部分的佛教学者——特别是研究藏传佛教的——是在一个寺庙里面做一段时间和尚以后，再回到大学教书。

李天纲教授请我讲一点藏传佛教。这个问题很复杂，因为有它的政治特征，有它的宗教特征，有它的社会特征，它的演变非常复杂，我不知道应该怎么讲。80年代，藏传佛教开始在西方流行，西方人对此特别感兴趣。从我们的角度来看，还有一个东西应该提到，就是二战以后，哪种佛教是最流行的？日本的佛教，禅宗，在西方特别热。50年代末60年代初，美国把战后的日本当作他们的占领区，不少美国人到日本呆了一段时间，发现日本的佛教传统确实很有意思，所以60年代、70年代有一个日本佛教热。而且不只是研究宗教的人感兴趣，诗人也特别喜欢禅这个东西。60年代末70年代初，有一个运动叫做big poetry，一种诗，写得比较乱，比较随便，没有什么格律，这些诗就是受到了禅宗的启发，当时很流行。但80年代，就没有那么流行了，因为这时藏传佛教开始为大家所了解。其中一个很重要的原因可能是，在当时的国际政治形势下西藏文化开始受到西方关注。

好了，我不要耽误时间。有一本书要推荐给你们。国外现在的佛教研究，有一个最新的潮流，我觉得可以叫作critical Buddhology，就是批评性的佛学。*Critical Terms for the Study of Buddhism* 这本书是2005年出版的，编者是Donald S. Lopez, Jr.，他在密歇根大学研究佛教，以前也在藏传佛教的庙里面做过和尚。这本书有15章，体现了最新的一些看法，每一章用一个词作为它的标题。这些词不是传统的词，没有一章有比较传统的佛教词汇。我给你们读读这本书的目录，第一章是Buddha，就是佛；第二章，美术；第三章，死亡；第四章，经济；第五章，礼物；第六章，历史；第七章，制度，这章是我写的；其它几章分别是，教学；人；权力；实践；礼仪；性；文字；现代性。洛佩兹给我们十八个人分配任务，给我一个词，他说，你用一个词来分析一下佛教是怎么一回事。我觉得这样做是很成功的，也很有意思。一些参加这本书写作的人不是信教的，可是他们对佛教是有见解的。佛教的历史很长，很复杂，很有意思。所以我们要从今天的立场来看佛教。当然，也不能完全依靠今天的看法来了解世界上的东西。可是我们研究一个东西就是为了今天，不是为了过去，过去已经过去了。我们要从今天的一些问题、挑战，来看佛教历史上是怎么回事。这本书不是那么好读，所以不知道会不会被译成中文，如果能够翻译成中文的话会很有意思，所以我就推荐这个。

那个金泽镇杨震庙看门的人，他对不对？道教跟佛教是一个东西，还是两个东西？他觉得是一个东西，而我们觉得是两个东西，我们觉得宗教是好多的东西。宗教到底是什么？你们都是学宗教历史的，所以我希望你们能够找到很好的答案，我自己并没有答案。

好，就到这里，我们讨论吧。（热烈的掌声）

提问与回答

葛兆光：

在这个演讲之前，李天纲教授已经告诉我说，卜正民教授希望能够有比较多的讨论。那讨论，当然是要请你们各位听众谈谈对他刚才讲的内容有些什么样的看法。现在我们开放给大家。哪一位？

学生：

我想提一个问题，就是您刚才谈到藏传佛教。我们知道日本的奥姆真理教麻源彰晃，他也是学习藏密的，他也是到西藏学习的。藏传佛教崇扬的是菩萨形象，麻源扮演的则是一个撒旦的形象，是一个魔鬼，给世界带来灾难。为什么同是一个密宗，角色会有这样的区别？不知道学术界对此有什么看法？

卜正民：

这个奥姆教，在我们西方当然认为是很坏的事情。可是，如果有一个学生，我很好地教他，他却去做坏事，是我的责任吗？（爆笑）当然不是。这不是宗教，这根本是心理学的一个问题，而不是宗教的问题。

葛兆光：

我可以补充一下，麻源彰晃他跟藏密没有直接关系。麻源彰晃在日本地铁散布毒气的时候我正在日本，而且我乘坐跟那个车次只差一小时的地铁经过那个地方。麻源彰晃的基本教义，是以练功为主，基本上属于瑜珈，所以他实际上跟藏传佛教没有太大关系。

李天纲：

我要做一个补充。刚才卜教授提到了，明朝的时候有耶稣会的传教士来到中国的汉族地区，跟儒教相遇。可是这里头还有一个更有趣的事情，就是在18世纪的早期，有一批耶稣会的神父，他们跑到西藏去拜访当时的达赖。达赖问他们说，你们来干什么？他们说，我们是来——用通俗的话讲——踢馆的。就是我们来占你们佛教的地盘，弘扬我们天主教。当时达赖就说，那好，你们要怎么踢法？他们回答，我们听说你们藏传寺院有一种很标准的训练体制——现在还有，不论是在中国还是在印度，还都有——就是僧侣每天从事辩经训练，学逻辑。达赖就说，那好，你们就到我们最大的寺里去。派去以后，这些传教士学了好几年，藏文学得非常好，然后用藏文来写天主教的教义，还用藏文来写反对佛教的文字，所有这些档案现在都还在梵帝冈档案馆。我想这个事情很有趣，因为对于这些神父来讲，他们来了以后对佛教的第一个印象，跟我们想象的不太一样。他们的第一印象是，怎么我们天主教跑到这边来了？这样想的原因是基督教的传统里一直有一个想法，就是他们的宗法失踪了，失去了联系，跑到老远的东方去了。基督教一直都有这个想象，就是怎样在什么时候把这个跑掉的宗法给抓回来。结果他们来到藏区。这些耶稣会的教士发现整个藏传寺院的学问训练跟天主教的很接近——我不是说一样，但是非常像。像到什么地步呢？他们看到大殿里供奉的宗喀巴三世图，就会想，奇怪，这里又没有天主教，为什么他们会把圣父、圣灵和圣子都雕刻出来供在大殿里呢？这个我想可以作为一个补充。

卜正民：

这个很有意思。你们大概知道，耶稣会士到中国来穿的是和尚的衣服。后来他们觉得，哎呀，我们穿这个衣服，中国人就会觉得天主教跟佛教是一码事儿，我们要换掉，所以他们又改穿文士的衣服。

李天纲：

我还提一个问题。刚才你谈到，在过去的许多时间，西方研究宗教特别是藏传佛教这一部分的，即使他们做的是哲学，他们基本上还是会从事田野调查。我知道比如霍普金斯、布莱特斯等，这些人都是做过喇嘛，而且有些还考过格西，还考上了。但是问题是，他们这个方法，我的理解是在过去许多年里头，在北美同样做佛学，可能比较接近欧洲文献学的传统，比如哈佛大学，他们就对霍普金斯这种做法非常有意见。我听说霍普金斯他们到欧洲去，特别是到德国去，德国的学者都觉得非常不妥当。我想他的欧洲同行保留了更早的印度学的传统，也就是跟研究对象要保持一个情感距离。但是好像他们也招致一些行内的批评。

卜正民：

很可能是这样子。我真的是外行，对于藏传佛教，我参加了一些会议，听他们讲，有一些人内在的态度令我感到很担心。我就觉得最近十年出版的东西，哪些写得最有意思？大部分都是写藏传佛教。西方人如果想研究佛教，常常就要做藏传佛教。

葛兆光：

谢谢。接下来哪一位？

卜正民：

我还要补充一点。上个星期我到普陀山去，跟那边一个法师谈了谈。他对藏传佛教是彻底的批评，特别反对。他说藏传佛教的喇嘛跟女人一起、喝酒吃肉，这不好。他觉得现在世界上人们不学中国的佛教，汉地佛教好像没人学了，都跑去学这个藏传佛教，他觉得很不公平。我对他说，不一定，反正我学过你们汉地的佛教，只是我是搞社会历史的，我不是搞宗教学的，所以，我不太了解这些东西。

葛兆光：

我提一个问题。60 年代到 70 年代，西方受禅宗影响很大，80 年代以后，藏传佛教影响很大，是不是跟铃木大拙用英文来写作有关系？

卜正民：

你说得很对，我想。我看关于佛教的书，第一本就是铃木写的一本书。还是上大学的时候，本科生，我看了铃木的一本书以后，觉得写得很有意思，我应该多学点佛教。当时我在欧洲。我回到多伦多，上多伦多大学，我决定选关于佛教历史的一门课。当时只有一门课，就是中国佛教，所以就上那门课。如果有日本佛教的一门课，那我大概要选那门课。我就是从那门课开始认识中国。所以可以说，我也是历史的一个产物。（听众笑）

葛兆光：

这是因为，我想——我在日本，跟一些日本的研究佛教的学者也讨论过这个问题——就是说，日本的佛教界对比中国的汉传佛教界，有一点点好处，就是说，它努力地，从一开始，从明治时代开始，就很主动地去西方，学习西方的宗教学，也很努力地用英文去表达他们的学问。所以呢，现在西方人对于禅宗的叫法，最早是用日语发音的，Zen，只是现在才开始转用“禅”，对吧？那么中国的汉传佛教呢，我也跟汉传佛教的一些和尚，一些法师有过一些交往，他们很少有人有非常明确的意识用英文，用其他的文字去表达他们的一些东西。所以我想，西方从 60 年代到 80 年代这种对佛教的兴趣，显然是受到他们比较了解的文字的影响，也和日本人的主动去传播佛教和宣传他们的佛学研究有关，这一点大概是中国做得不太好的地方。

学生：

我有一个问题。我想问一下，就是现在西方一些中青年学者，主要是汉学家，比方说太史文这样的，包括你在内的一些学者，主要是以汉学家的立场来研究汉地佛教。你认为他们在西方学术界有什么样的一种影响？

卜正民：

在我们的学术界，好像有两条道路。一条道路就是从佛教的义理来讲佛教，另一条可以说从一个历史学的立场来看。我对佛教的教义懂得不多，我就是用佛教来做一些社会历史的分析。那些专搞佛教的，我不知道他们看不看我的书，他们也不一定需要看，因为我的书就是为了了解中国历史，不是为了了解佛教。所以我不知道我的一本关于明朝佛教和社会的关系的书反响怎么样。可是，我可以说，因为我写了这本书，Donald Lopez就请我给他写一篇文章。现在的佛教研究，要用哲学的分析，用历史的分析，用社会学的分析，用心理学的分析，各种各样的分析都要用。我们前一辈有一些特别了解佛教的教义和文本。可能我们这代学者没有他们这么好。他们很仔细地看佛教的经典，我们这代可能没有，或者很少。而且现在你如果要很仔细地看经典，你肯定要跑到藏传佛教看他们的经典。我想没有谁要看汉地佛教的经典，很奇怪。信教的当然是很喜欢看，但只有信教的人看，研究的人好像很少看。

葛兆光：

我也提一个问题。我接触的美国的一些做佛教，做禅宗史的，他们现在很多用后现代的一些东西，比如说穆尔（Charles Muller）、马克瑞（John R. McRae），还有印地安那大学的一些人。你觉得他们的做法，跟做历史的人有没有差别？

卜正民：

有差别啊。可是他们的做法也有它的好处。我刚才推荐的那本书有一点后现代主义的看法在里面，它认为不能从内容开始，而要从词汇开始，因为词汇揭示了自身包含的真理，所以我觉得历史学家应该从事实来开始研究。一般来说，如果要研究历史，你不能只看当时人怎么写就完全相信。好的历史学家我想都应该是后现代主义者——我觉得我是，后现代主义出现以前我就已经是后现代主义者了。（听众笑）这是因为，比如说你看一个文件，16 世纪的某个文件，你不能说，他说的就是真理，你要看他为什么用这样的说法，他为什么用这样的词，他说的是什么，他既然在说这些，可能同时在避免另外一些东西，他避免的是什么？所以我觉得，我从来对后现代主义不害怕，我觉得他们的东西也是有用的。

葛兆光：

中国人比较喜欢 Arthur Wright（芮沃寿）写的《中国佛教史》这样比较前现代的东西。（听众笑）

卜正民：

他写得可以，可是，我觉得有一点无聊。（爆笑）

葛兆光：

中国人比较看得懂。

卜正民：

对，是看得懂。如果看某个学者的东西看不懂了，那不好。（听众笑）而且不是中国读者的问题，是作者的问题。写得这么抽象，对真正的了解恐怕没有好处。我更加喜欢 Donald Lopez 的这本书。（听众笑）

葛兆光：

那我们是不是应该请人来把它好好地翻一下？

李天纲：

翻一下，可是卜教授要给我们版权的啊。

卜正民：

不是我的版权，（听众笑）这要问 Donald Lopez 教授，他最近十年在西方出版的关于佛教的其他著作也被翻成中文。

葛兆光：

各位还有什么问题？

卜正民：

我可不可以提一个问题？我想对学生提一个问题就是，你们都是对佛教感兴趣的，你们是怎么看佛教的？如果从研究的目的看，你为什么选择研究佛教？现在中国的研究情况怎么样？

葛兆光：

这里有没有学习佛教的？说一下看看。

学生：

我是研究佛教的，研究佛教大概三年多吧。我们入门是这样一个过程：并不是说一开始对佛教感兴趣然后去研究佛教，因为我们系有宗教学，先是从宗教学这么一个概论性的东西，可以说是先对几种宗教都有了解，包括基督教、佛教、道教，这些都有，就是有一个概念性的了解。了解之后，通过对比之后的宗教，我可能会发现，我对某一个宗教更感兴趣。有的人是对基督教感兴趣，我是对佛教感兴趣。完成本科学业之后，我们就进入到这个具体的领域，开始做这个领域的研究。但是同我一起学习的其他研究生，他们可能并不一开始就接受的这个系统的宗教学教育，而可能是在他们的生活中接触到信徒，接触到佛教的书籍，然后可能觉得某一个义理，佛教的教义特别契合他们的生活经历，然后由此对佛教发生兴趣，然后就开始来研究佛教。这其中有的是信徒，他是从信徒的角度研究佛教；有的不是信徒；也有可能本来是信徒，但是进来研究以后变成非信徒了；也有可能一开始的时候不是信徒，然后研究研究变成了信徒。

卜正民：

我们在国外好像也有这个问题，如果是信徒，能不能研究所信仰的那个教？

学生：

刚才你提到在欧美比较多的好像说是采取一种人类学、社会学的方法，你先要进入到这个，比如说，你要研究佛教，那么你要去做田野调查。在我看来，有点像刚才所提到的，我觉得可能在学术圈里面这种方法，如果你把田野调查用到其他领域的研究，我觉得这是可以的，但是你伪装成一个信徒进去，然后再去批判人家的信仰，或者说去研究，好像是有点道德上的问题。（听众笑）

卜正民：

对，你不要骗人就是。（听众笑）

学生：

宗教信仰是一个蛮严肃的事情，就是为了一个学术的目的而去信仰。

卜正民：

对，可是如果你对某个法师说，我要当你的学生，不是为了要做和尚，而是为了研究。他如果聪明的话，可能想到有一个好处，你能让世界上其他人了解佛教，那对他可能有好处。当然你不是和尚，可是你可以把你的学识传给别人。

李天纲：

确实也是，从这点进入研究的话，就是对宗教体验和宗教情感方面会理解得比较透彻。因为如果单纯只在大学里面做研究，只研究文本，尽管对历史和礼仪会研究得比较透彻，但是对信徒的心理并不能从根本上把握。另外，既然可以用这种方式进入寺庙伪装成信徒——或者是真信也好，再跳出来做，那么既然允许这类人来做学问，也应该允许真正的信徒来做学问。应该说，非信教的人有在学术圈里的话语权，那么信徒也应该有他的话语权，因为绝对客观的学术标准是根本不存在的。就如刚才卜教授提到，为什么西方一开始日本的禅宗好像特别流行，然后现在藏传佛教特别流行，因为他们有话语权，他们可以翻译成英文来看。但是为什么汉地佛教的很多东西就流传不广？比如有一位欧美学者——当时我在香港读书的时候也有一位美国学者过来跟我了解佛教的东西，他不会汉语，但是他就评判说你们汉语的佛学研究做得不好。那我说，既然你不懂汉语，可能人家汉语学者的研究成果也没有翻译成英文，你没有看到，凭什么说汉语佛教研究得不大好？这是我的意见。

卜正民：

60年代在美国有一个很好的学者，叫做 Holmes Welch（霍姆斯·维慈），他写了三本书，其中一本是 *The Buddhist Revival in China*，有意思的是他在香港和台湾做田野调查，对中国的佛教了解得很深，而且感情好像也比较热烈，所以他写的那些书大家都愿意看，我看了铃木大拙以后，就看了维慈那些书，觉得非常有意思。还有一些香港的学者，他们也写汉地佛教。现在可能情况有所变化，将来我们对汉地佛教可能认识得会比较深一点。

学生：

霍姆斯·维慈写有一本《中国佛教的复兴》吧，这本书我们王老师已经翻译成中文了。

葛兆光：

对，那是第二卷，第三卷没有翻译过来。我倒是想问你一个问题。（听众笑）你们宗教系研究佛教的人，先学了一堆宗教学概论，然后再来研究佛教，你们会不会觉得受到你们学的那个宗教学概论影响而对佛教的判断发生一些问题？

学生

我觉得这种进路可能对我会比较好。因为就像我们学哲学一样，首先一进来不可能学某一个哲学家的思想，也是开始先从哲学史学起，中哲、西哲这样一路学过来，然后对某一个哲学家发生兴趣。我觉得这个道理也相同，就是说只了解一个宗教就不算了解宗教，所以要通过这种通识性的教育，对宗教有一个整体把握，有一个最基础的理解，才能够明白所研究的宗教是什么样的。

葛兆光：

问题是你学的那个概论是不是使你真正了解了这几个宗教？（听众笑）

学生：

我觉得可能学概论和深入研究有一些差距。

葛兆光：

因为你那个是宗教“学”概论。这就是我们大学教育学习宗教的一个比较普遍的方法，比如说学习文学，他会学习一个文学概论，然后再来进入文学；学习历史的人也会先学习一个历史学概论。可是我一直在担心，是当你学了那个先验的有理论框架的概论以后，会不会变成一个先入为主的框架，导致你对宗教本身的判断发生一些偏差。我一直在担心这个问题，我不知道你们西方人学宗教学或者说研究佛教学、天主教学，是不是先有一个宗教概论呢？

卜正民：

我没学过。我上大学的时候学的是英语文学，（听众笑）我不知道历史学和宗教学的情况。另外一个有意思的问题就是，如果用西方的宗教学体系来研究中国的宗教——这个宗教学是通过对基督教的了解来构成的一个研究体系——我不知道会出现什么情况。

葛兆光：

听说你很快要去担任教职的 Oxford 这个学校，当年麦克斯·缪勒（Max Muller）他们做比较宗教学。他们的比较宗教学已经把东方的宗教纳入了他们的视野，你觉得这个宗教学概论学了以后，会不会影响你后来具体研究宗教时候的判断？

卜正民：

我不知道。可是我所知道的就是，最近二十年，写宗教不是从宗教立场写宗教，而是从社会史角度、美术的立场来看佛教。可是这个办法有一些缺点。你没有好好地了解佛教，怎么能够用佛教以外的一个印象来研究？因为对你的研究对象你懂得不够。这是我们的缺点。因为在西方，佛教不是我们的宗教，你们在中国研究佛教，这是你们的一个宗教。你们不走出去，就不能感受到佛教。你们的切入方式跟我们的切入方式不一样。佛教是你们传统的一部分。佛教并不是我们的传统，可以说我们研究佛教不是一个负担，没有一个导向，所以我们可以比较自由地看佛教是怎么回事。但是，自由也有它的缺点，缺点就是你不会全面地了解，你只是从你个人的立场来了解，了解得不够全面。这可能有一点缺陷。从各种各样比较现代的立场来看佛教，但不知道佛教原来是怎么一回事，这个时候就不会有深入的了解。

佛教有很长的历史，而且佛教也能够了解它自己，它并不需要我们了解佛教。可是每一代要知道佛教是怎么一回事。生在文革以后的中国人，特别是住在城市里面的中国人，他们可能对佛教没有什么自然的了解，他没有学那个东西，因为佛教有一个历史断层，在文革的时候有一个断层，所以中国年轻人现在要学佛教，可能是为了把中国传统的一部分保留下来。我们在西方研究佛教，就像我刚才说的一样，我们站在另外的一个立场。可是一百年以前，只有亚洲人信佛，而有这个佛教研究。现在西方有不少人自己觉得是信佛的，这也是很有意思的一个现象。一小部分中国人现在是基督教的信徒，我们西方的一部分人是信佛的——很有意思。（听众笑）就是这个全球化，我们没有想到会有这样一个新的结果。

李天纲：

我还有一个问题。刚才卜教授讲到，还有那位同学也提到过，非常关键的问题，我自己也很感兴趣。两年前我的导师余国藩教授在香港有一个演讲。他是基督徒，在芝加哥大学神学院研究宗教与文学。但是他跟香港崇基学院的学生说，作为一个宗教信徒去研究宗教，非常痛苦。为什么呢？他说，教徒如果是去研究物理学、科学，没有关系；你研究文学，关系不是太大；但你研究宗教，而且是研究自己的宗教，那就非常痛苦。宗教是要求你一切都相信，作为一个学者是要求你一切都不相信。（听众笑）所以我看很多基督徒，西方的一些基督徒，他们研究中国宗教，研究道教、佛教的，问题不大，因为不是他自己的宗教。但是你如果研究自己的宗教，问题就来了，你想做一个学者，就不能回避像刚才卜教授说的那样，critical study，你还是要有批判性，但是你怎么找到一个平衡？我觉得这个问题蛮有意思的。

卜正民：

基督教对自我批评实际上是有耐心的，我想。佛教，包括藏传佛教，对批评也是比较有耐心的。因为你如果想做一个和尚，你要通过很长的教育过程，这个教育过程是诱导你找到你的疑问，把你的疑问提出来给老师讲一讲。可是，对于民间信仰的活动——我没有很多的经验——从我所看到的，很难对一个民间的信仰提一些比较尖锐的疑问，因为这个疑问好像没有什么意思，你站在外面，他们站在里面，很难维持理性的对话。所以年轻学者到民间信仰的圈子里去做研究，我觉得可能不是那么容易。可是还是值得做，因为你要了解某一个文化，信仰当然是文化很重要的一个部分。你不学那个文化，怎么能了解它？你可能不喜欢那些信仰，可是还是要研究它们。

学生：

卜教授，我想提两个问题。刚才在你演讲的时候提到，你到中国的一些寺庙做过访问，我感兴趣的第一个问题是，在你自己去现场看的时候，你觉得你的印象，和你看一百年前西方学者笔下描写的那些中国人，或者是那些佛教徒的印象，是不是一样？与他们在一百年前的那个形象是不是一样？这是第一个问题。第二个问题就是，你到了中国的大城市里，看见那些对佛教感兴趣的人，你觉得和中国那些农村的，或者比较偏远的地方的信徒，他们的区别在哪里？

卜正民：

这两个问题不好回答。第一个问题，我觉得 19 世纪欧洲对中国宗教活动的描写跟现在比较接近。我举一个例子,庄士敦,他是 20 世纪初给溥仪做老师的一个英国人。他写了一本叫 *Buddhist China*。我觉得他写得很好,而且看到他的东西我觉得比较符合我自己的经验。可是一个世纪以前中国人的物质条件和思想条件完全不一样。所以,我想那些 19 世纪的欧洲人写中国的宗教活动,会用他们的材料来当作有历史价值的资料,不一定跟现在的佛教情况就是一样。可是也要看是什么人,如果是一个从欧洲过来,在中国呆了两三个月就回去的,当然不要用。可是,住在中国的,尽管有的时候他们对宗教不太理解,可是他们写得还是很有趣。所以你如果要写中国 19 世纪的宗教史,我想应该看看他们的东西。你第二个问题就是城市的信徒和农村的信徒,这个肯定有很大的区别,区别在哪儿,很难说。我看农村的信徒,他们的自我意识不太强。我在普陀山有这个感觉,他们完全不去想宗教是怎么一回事,他们看见一个佛,就拜佛,所以他们不会去分析自己的活动。城市的信徒可能不一样,因为他们的教育条件、社会条件不一样,而且他们受过无神论的影响。我是无神论的一个信徒,(听众笑)所以我觉得我比较能理解他们的情况,他们信佛,可是他们也受过其他的影响,而在农村就没有这样的影响。

葛兆光:

最后一个问题。

学生:

我要问英国人 19 世纪介绍 Buddha 这个观念的目的是什么?他们不是欧陆人,欧陆人已经派出过传教士,可是英国人没有。

卜正民

19 世纪英国人有新教徒来中国,他们对中国佛教的认识并不是受到耶稣会传教士的影响,因为他们的宗教立场不一样,所以他们的视角与欧陆人的不一样。

学生:

比如说牛津词典里的 Buddhism,应该跟当时传教士的活动有一些关系。再比如法国人编写的词典,也可能有些关联。

卜正民:

我刚才说过,根据牛津英语词典,Buddhism 这个词最早出现于 1801 年。我没有查过法语词典,但鉴于耶稣会在法国的影响,我想法语应该早吧。如果知道什么时候产生,就可以更好地知道欧洲人是怎么了解这个从很远的地方传播来的宗教。这是从词面上来看,我们需要认识、了解他们怎么看。可是在 18 世纪末 19 世纪初,欧洲人对中国的评价降低了。18 世纪中期,欧洲人对中国的评价比较好,觉得中国很有秩序,很文明,是很先进的一个国家。到 18 世纪末,这个评价就降低了。就是说,从对中国的态度,你可以知道对佛教是什么样的态度。如果觉得中国是很好的地方,有可能对佛教有愿意了解的态度;如果觉得中国不好,那中国的宗教在他们看来也不好。最后,是传教的问题,当时欧洲人了解佛教,就是为了把佛教挪开,让亚洲人改信天主教。可以说是有政治目的的。所以,你看他们是怎么评价佛教,不要忘记他们的历史环境。

葛兆光:

好,谢谢。我最后再讲两句。卜正民教授今天给我们介绍欧美对于汉传佛教和藏传佛教的一些研究,对我们来说很重要,因为中国的佛教研究始终对外面的情况不那么了解。就我个人有限的了解,我们现在大多数中国研究佛教的学者,还是比较熟悉以前比较早的像 Arthur Wright,像陈观胜等人的一些研究。可是我们看到的最近的状况有一些变化。我个人比较感兴趣的就是三个领域,一个是包括像 McRae 他们用后现代的一些理论来解释佛教。第二个呢,我觉得非常有影响而且对我们有很多启发作用的是,艺术史。就是做中国艺术史和东亚艺术史的那些学者,他们对于佛教的研究给我们很多启发。第三个,就是像卜正民先生他们这样,从社会史、政治史的角度来讨论佛教跟当时社会和政治之间的关系。像明代呢,像以前于君方,包括现在韩书瑞这些人,他们做得都很好。卜正民先生做的,像《为权力祈祷》这本书,我觉得大家如果有兴趣的话应该去看一看。

我们中国的佛教研究界有两个领域是非常缺乏的。一个是边地,包括西藏地区,我们汉族学者对西藏佛教其实缺乏了解,这是很奇怪的。其实西藏的很多佛教保存了古代——佛教那个时代的很多的因素——的一些成分。比如说,刚才卜正民先生讲到的,藏传佛教有辩论,有经义讨论。其实在唐代初期汉传佛教一直还保留着,可是后来就没有了。所以你了解西藏佛教的话,对了解汉地佛教是有很大帮助的。可是至今我们还是得看像戴密微的《吐蕃僧诤记》那样的东西,才对早期的西藏佛教有一点了解,我们自己没有写出这样的东西。第二个就是,卜正民先生讲的,很多西方学者习惯于用人类学的方法、田野调查的方法去做研究,可是我们看我们中国人写的佛教著作里面,对于佛教礼仪部分其实做得是不太够的,就是佛教的仪式、活动。我们现在用的佛教礼仪辞典是日本人编的,可是日本的佛教礼仪跟汉传佛教是有一点区别的。所以在这一点上我觉得我们更应该看到外面人像卜正民先生的研究——当然我不好说你是外国人。外面的学者的进入对于中国的佛教研究领域应该是有很多刺激的,包括像卜先生他们从社会史的角度去讨论佛教,对我们来说都有很多启发。我们非常感谢卜正民先生。今天的讲座就到此结束。(热烈的掌声)

近代西方人眼中的中国凌迟

主讲人：卜正民（Timothy Brook）

主持人：朱维铮

卜正民

加拿大不列颠哥伦比亚大学圣约翰学院院长、牛津大学教授，著有《为权力祈祷：佛教与晚明中国士绅社会的形成》（*Praying for Power*：*Buddhism and the Formation of Gentry Society in Late-Ming China*）、《纵乐的困惑：明代的商业与文化》（*The Confusions of Pleasure*：*Commerce and Culture in Ming China*）、*The Chinese State in Ming Society*、*Collaboration*：*Japanese Agents and Chinese Elites in Wartime China* 等。曾获美国亚洲研究学会列文森奖。

朱维铮 | 复旦大学历史系教授，研究领域为中国文化史、思想史和经学史。

朱维铮：

今天是我们文史研究院的"复旦文史讲堂"和历史系及哲学学院的宗教研究所合办的一个讲座。我们昨天已经请加拿大不列颠哥伦比亚大学圣约翰学院的院长、英国牛津大学的教授卜正民讲过一次。卜教授的著作已经有好几种在大陆翻译出版了，他的研究范围很宽广，他研究明史，也研究清史，还研究中国历史上很多很有趣的东西，他的学问很广博。我和卜教授是二十多年的老朋友，我很高兴今天能够来主持卜教授的讲座——《近代西方人眼中的中国凌迟》。关于凌迟，你们都知道它是中国刑法中最厉害的一种。不知道卜教授对这个问题有什么高见。

那么，现在就请卜教授来和我们大家谈这个课题。我知道卜教授是很乐意和大家交换意见的，他会留下一些时间，和我们共同讨论。现在我们欢迎卜教授！

卜正民：

我首先要对朱老师表示感谢。他说得对，我们是二十多年的老朋友。可是，我有一点怕。你们大家知道，朱老师是中国学界最厉害的一个批评家。今天坐在同一张桌子旁，恐怕我讲完后就要受到批评了，我等待他的批评。

今天我想讲一个可以说是比较怪的题目，这就是凌迟。你们大家都知道凌迟是什么意思，可是我想知道你们看过一些20世纪初的凌迟照片没有？有多少人看了，请举手。一个、两个、三个、四个、五个……看过的人不多，大多数人好像没有看过这些照片。我要从这些照片开始。如果没有看过凌迟的照片，可能很难想象视觉的冲击是怎么样的。可以说，这些照片的视觉冲击很大。凌迟时，刽子手拿着一个小刀，先把胸前的皮肤切下来，再把附近的皮肤切下来，再刺向心脏，然后把腿、手割断，最后把头砍下。这是很厉害也很野蛮的一种刑法。

我想对凌迟提一些问题。第一个问题是，凌迟是从哪里来的？中国法官为什么用凌迟这种很凶残的刑法来处置死刑犯？第二个问题是，中国的法律是很有意思的，也可以说是很优秀的，中国的唐律、明律、清律这些文献写得很好、很仔细，中国对法律的一些思考也可以说是当时世界上比较进步的，而这个法律系统为什么用这么野蛮的刑法？我还有第三个问题，为什么有人拍这些照片，照片是谁拍的？

这些照片当然是外国人拍的。中国人好像没有拍过这类照片，只有外国人拍过。这些是法国人拍的，我们到现在所知道的这些凌迟的照片都是1904年到1905年间拍摄的。可能也有1902年拍的一两张，但基本上是1904年和1905年拍的。拍照片的人不是什么大官，也不是什么摄影家，就是普通的法国士兵。义和团事件结束后，外国人的领事馆把自己的士兵派过去保卫，法国的领事馆也就有了一些士兵。这些人到街上去的时候，拍了这些照片。他们为什么会拍呢？当然有种很简单的说法。欧洲在那个时候是看不到这种很野蛮的刑法的，他们对这个刑法感到好奇。不过，我想好奇之后可能还有同情的感觉，受刑人的痛苦当然会引起同情。可是这些法国士兵没有一个写他们有什么反应，他们只是拍了这些照片，然后送给自己的朋友看，还有拿给明信片公司。当时，明信片商可以买来这些照片，背面写上“我到中国来，很有意思，再见”之类的话送给朋友，正面就是这种很厉害的刑法的照片。

凌迟就这样被国外人得知。欧洲的反应是很自然的，觉得怎么那么难看啊？当时欧洲已经看不起中国了——我昨天也谈到过这个问题，18世纪欧洲对中国的反应是，中国还是有很多优点的。到了19世纪，他们就有点看不起中国了。所以，当这样的照片流到欧洲后，欧洲人就觉得中国人怎么能这样对待罪犯呢？凌迟在欧洲人心中就成了中国的象征，他们认为，如果想了解中国文明最秘密的中心，就要看这些凌迟的照片。对欧洲人尤其是法国人来说，从20世纪初直至30年代，他们觉得凌迟是中国最有代表性的东西。我想这个反应是很自然的，看到这样野蛮的刑法，当然会有反感。

在讲凌迟的历史之前，我还要提一个问题，我们为什么有这种反感？我们现在觉得这种反感很自然，是因为我们生活在“后酷刑时代”（post-torture period），除了极少数地方外，世界上所有的国家基本上都没有这种酷刑了。我们觉得如果把一个罪犯处死，他不应受到什么痛苦，也不应受到什么侮辱，这好像跟外科医生一样，只是基于医学的做法把他杀死，但不能让他感觉到酷刑。所以我们从后酷刑时代来看凌迟就会产生反感，这在国内和国外可能有同样的反应。不过，国外的人还有另一个反应。现在国外认为死刑是比较厉害的方式，基本上要把它废除掉，联合国也把废除死刑当作是比较重要的任务。除美国外，其他西方国家现在都基本没有死刑了，所以任何死刑的照片都会令他们反感。我不知道中国人怎么样，在中国和受中国影响大的国家和地区譬如越南、日本、韩国、蒙古和中国台湾等，现在世界上所有死刑的四分之三都在这些地方发生，平均每天有四个罪犯在这些国家和地区被执行死刑。由此看来，西方跟中国还是有差别的。西方人和中国人在过去一个世纪也是有差别的。

我们谈论凌迟，还是要强调自己的立场。我们要从什么样的立场来看凌迟呢？我对凌迟的研究不是很深。我组织了一个三人小组，有一个是法国学者巩涛（Jéome Bourgon），他是清代法律的专家，还有一个加拿大人格里高利·布鲁(Gregory Blue),他研究欧洲看待中国的历史,我们三个人一起在做一个关于凌迟的项目。我们的研究方法就是回到原来的资料去看凌迟是怎么一回事。我们不是把1904年到现在的历史搁在一边。已经过了一百年的时间,我们要回到一百年前凌迟的时代去。可惜很多人都没有看凌迟的照片,要是看了照片,就能体会到人们为什么会对凌迟非常反感了。不过,这个反感也是凌迟历史的一部分。1905年中国政府废除了凌迟。我们对1905年前的历史做过一点研究,对1905年以后的凌迟现象我们也做过一些研究,然后我们再把这些研究整合起来。这不是传统汉学家应该走的道路吧?因为汉学家只要看过去不要看现在,而我们还是想过去现在两者都要看。

我讲几句关于凌迟的历史。大家都知道中国历史上有五刑。五刑到唐朝比较固定了,可是唐朝以前,每个时代的五刑都不固定。唐朝和宋朝规定了"笞"、"杖"、"徒"、"流"和"死"这五种刑法。死有两种,一种是"绞",一种是"斩"。凌迟好像从辽朝开始,不过,凌迟本来不是汉人的刑法,而是契丹的刑法,这是很早的事了。凌迟的历史很难描述,因为基本上找不到相关的资料。我们主要从宋朝文献开始研究凌迟的历史。宋朝的皇帝也用过凌迟,可是凌迟并没有被写进法律中,所以《宋刑统》没有提到凌迟。虽然宋朝皇帝还是用凌迟的,但文本上是没有的,所有在文字中提到凌迟的人,都是反对凌迟的人。有不少宋朝的思想家觉得凌迟不好,是一个野蛮的、不人道的东西,而且是从蛮夷之邦传进来的。他们给皇帝上书反对使用凌迟,可是皇帝还是用了。但凌迟具体怎么用、对什么人用,历史上并没有记载。到了元朝,蒙古人觉得还是可以用凌迟的,他们用的不少,但他们的新法律也还是没有提到凌迟。五刑依然没有什么改变,文本上提到的两种死刑还是"绞"和"斩"。蒙古人比较自由地使用凌迟,但在法律文本上却不提。到了明朝,事情就都改变了。明太祖很喜欢用凌迟,他用的很多。但明太祖很少用凌迟这个词,他把它说成是极刑——这种最厉害的死刑指的就是凌迟。《明律》第一次把凌迟载入中国的法典。明朝有五种罪要用凌迟，比如打死一家三口以上或对皇帝不敬不忠就要受凌迟处置。到清朝，满洲人也比较喜欢用凌迟，《清律》规定有十七种罪要受凌迟处罚。

具体有多少人受凌迟处置，我们不知道。洪武时代的资料还是比较丰富的，因为明太祖自己写的东西中经常提到这个，他喜欢讲故事，故事里的坏人常常受这种极刑。清朝的资料应该也有，到北京第一历史档案馆去查，大概能够找到关于凌迟的资料。不过我们还没有做过那方面的研究，我们只看了清朝最后几年的一些资料。我估计要是一个学生想把这作为研究对象，到北京去找的话，能找到不少这样的资料，这个资料我们都没有用过。

现在中国方面的资料比较少，我们就从西方人那里找资料。1840 年后西方人到中国来的有不少，而且写游记的人也很多，他们对凌迟的描述很有意思。对中国人而言，到 19 世纪时，凌迟已经有一千年的历史了，已经引不起他们注意了，所以他们不大写凌迟是怎么一回事。可是外国人进来后看到凌迟就会觉得很奇怪，他们经常会写凌迟和酷刑给本国的人看。他们的立场当然是看不起中国，觉得中国怎么这样乱、这样坏呢。

其实，他们的立场是不对的。不对在哪里？不对在于他们已经忘掉自己的历史了。如果回到欧洲 16、17 甚至 18 世纪的历史，我们可以看到跟凌迟差不多的酷刑。在 18 世纪最厉害的就是分尸，把一个人的两腿两手朝四个方向撕扯下来。中国很少有这种酷刑，可欧洲人还是用了，欧洲有各种各样很厉害的酷刑。一直到 1810 年，英国下议院觉得扒手一旦被抓就要杀头有点过分，要求废除，可是上议院仍坚持要把扒手处死。

欧洲人对中国的认知好像有个时间差。如果欧洲人在 18 世纪到中国看凌迟就会觉得跟他们的分尸差不多，没有什么特殊的。在 18 世纪的记载中可以看到这些。孟德斯鸠 1748 年出版的《论法的精神》中就说中国人比俄罗斯人聪明。俄罗斯人抢劫后没有杀人和抢劫后杀人都要被判死刑，所以抢劫者会杀掉被抢劫者；而中国人知道分辨这两种罪行，抢东西不一定会被杀头，杀人就一定会被杀头。有这样的区别就很聪明。孟德斯鸠知道中国有凌迟，可是他没有什么反感，他觉得这就是一种酷刑，跟欧洲的酷刑差不多。英国的威廉·布莱克斯顿（William Blackstone）1769 年写过一本《英国法律注》（*Commentaries on the Laws of England*），他跟孟德斯鸠差不多，不过这次他说中国人比法国人聪明，因为法国人不做这种区分，而中国人是做的。因此，他肯定中国的法律比法国的法律好。所以 18 世纪，欧洲人觉得凌迟没有什么大不了的。到了 19 世纪，他们开始觉得欧洲人不用酷刑，因而是文明的，而中国人使用凌迟的刑法，是野蛮的，而且这种偏见一直延续到 20 世纪 30 年代初。1931 年或 1932 年英国一个比较有名的反对死刑的积极分子 Charles Duff 写了一本反对死刑的书 *A Handbook of Hanging*，他也用了凌迟的例子。不过他很糊涂。他知道中国在秦朝是没有凌迟的，凌迟是以后才有的，所以他说秦朝对罪犯很客气，对他们的惩罚不是很厉害，不过后来的朝代就用了凌迟，并一直用到现在（1929）。其实他错了，因为凌迟在 1905 年就被废除了，可是他不知道。所以可以看出，西方人把凌迟跟中国文明中最根本的东西联系在一起。

凌迟的逻辑是什么？现在看这个照片，我们会认为凌迟是要给罪犯实施最痛苦而且最不人道的死亡，要把他当成动物一样侮辱。我们做了研究以后，觉得可能并不是那么简单。我知道明太祖对于自己不喜欢的人，肯定要让他很痛苦地死去。可是我想痛苦不是最重要的，最重要的是尸首不能保全，尸首不保全的话，死后连地狱都进不去，更不要说再生了。凌迟对这种民间信仰的打击是很厉害的。外国人到中国来听到这种说法，就会奇怪中国人为什么会有这种想法，这也是他们看不起中国的另外一个原因。

关于时间差，我再讲一点。你们可能都知道福柯。我觉得他最好的作品是《规训与惩罚》。他在书中对 18 世纪到 19 世纪的变化比较感兴趣。对于 18 世纪他基本上只是讲了法国。在法国，要惩罚一个人的话，是对身体施以酷刑，而到了 19 世纪就是要改造他的脑子，而不一定要动他的身体。在 18 世纪，如果犯了大罪，所受的酷刑基本上等于犯下的罪行。到

19 世纪，就不用管具体做了什么，而是要让他有原罪的感觉，用监狱、教育等各种方法来改造他，因此死刑越来越少见。其实死刑根本没有什么用，因为把人打死，他是学不到什么东西的，因此要关进监狱里，通过教育改造成一个好人。在 18 世纪，酷刑是公开进行的，目的是要让大众知道犯这样的罪就要受到这样的酷刑。到 19 世纪就看不到什么酷刑了。酷刑在监狱里施行，不是给公众看的，而是要让公众知道如果犯罪就要到监狱里进行教育和改造。

欧洲法律有这样一个从 18 世纪到 19 世纪的变化过程，中国在 19 世纪也在慢慢地往这个方向走。中国最聪明的法学家沈家本就特别反对酷刑，尤其反对凌迟，可见，在 19 世纪末 20 世纪初，中国最进步的法律学家是反对凌迟的。大约在 1901 年或 1902 年时，有个官员向皇帝上奏，要求废除凌迟，当时光绪皇帝没有实权，所以没有结果。1904 年又有官员上奏说要废除凌迟，皇帝答应了，到了次年也就是 1905 年，凌迟被取消。

不过，奇怪的是，凌迟正在走向末路的时候，却在欧洲开始传开了。正是在 1904 年到 1905 年时法国的士兵在街上拍了这些照片。这些照片有了自己的生命力：中国的凌迟时代结束了，但凌迟的观念或形象一直到现在还存在。这个历史当然在欧洲有一百年了，可是最近十五到二十年中开始有中国的学者对凌迟感兴趣，尤其是不少艺术家在最近二十年开始用凌迟作为他们艺术创作的主题。台湾的陈界仁就把凌迟的照片放在自己的画里，表达他对国民党政府的反对。他是台湾土著人，50 年代在他成长的时期特别反对国民党。他觉得台湾戒严时期国民党政府对人民是那么坏，因此就用凌迟表达这种象征。陈界仁是一位比较有影响力的艺术家，他在威尼斯双年展上向大众展示了自己的作品。还有一位叫林志，他在上世纪 80 年代末先在法国后在美国学习，现在离温哥华很近的西雅图教书。他也用凌迟作画，他的画幅很大，上面有凌迟等各种中国的酷刑，他把这些酷刑和中国人的其他一些活动譬如春节放在了一起，在他的画里，凌迟和这些活动在同时进行。他的画具有很大的视觉冲击力，他的思想一方面可能与现实社会的感受有关,另一方面,他对中国传统持批判态度。而他并不是研究历史的,我上个月还到西雅图去找他,问他知道凌迟是怎么回事吗,他说他什么都不知道,就是看过一本关于中国酷刑的书。那好像是十几年前出版的一本书,里面的东西历史性不是那么强,不过里面描述了各种酷刑。他看了这样一本书后,通过比较自由的想象画出了凌迟的画。他没有做过什么研究,但他觉得中国的传统有需要批判的地方。这是他 90 年代的画,现在他的画有另外的主题,就是中国人在美国建设铁路这个主题,他现在要表现受苦的劳工这个主题,跟凌迟的主题是两码事。

我对这个题目的演讲比较随便。上个星期,朱老师叫我准备讲点东西,我原以为是个座谈,不需要准备很多东西,可是今天来了之后发现是个讲演,所以我讲得不太好。我只想对凌迟提一些比较简单的问题。

第一个问题就是为什么选择研究这么凶恶的东西?选它有什么好处?我有一次在加拿大不列颠哥伦比亚大学讲凌迟,有一个汉学家就批评我,说如果讲凌迟,大家会把凌迟看成是和中国有关的东西,最好不要提凌迟,因为一提凌迟就表现了对中国很不好的态度。我是根本没有这种态度的。历史上有什么问题,我们就研究什么问题,不管这是中国人的东西还是欧洲人的东西,我们都要研究。这些照片我看了很多次,每次看这些照片,我都觉得很难看,我不想再看了,但我还得看。我们明年可能要出一本书,但视觉冲击最厉害的照片我们不放进去,我要读者去思考,而不是要读者看那些难看的照片。有时候视觉冲击太大就会影响思考。我在书中做一点自我审查,把有些照片删去了。

另外一个问题是,我们怎么把法律史和历史的表现结合起来?很少有中国人画这些东西,历史上很少能看到这些凌迟的画。我到现在只看到过明代的小说中有凌迟的画面,另外就是 19 世纪太平天国运动时期有公告说支持太平天国运动就要被凌迟处死,可能还有其他。所以一直到现在,我们只发现了三个中国人画的凌迟的图画,国外凌迟的图画好像比中国的要多。我们怎么把这些图和真正的历史结合起来,这是一个很难的问题。

这些照片也不能说是非常客观的照片，因为如果正在进行凌迟时，用照相机拍照，刽子手是要走开一点才能拍的。也许这些照片拍的是真正在做的事情，但也是做过一些调整才拍出来的。照片不能代替真正的历史，但历史研究也不能忽视这个资料。

最后一个问题就是我们怎么把今天和过去联系起来？我昨天也提到这个问题。当然，过去和今天是两码事，但过去和今天是连续的，重要的就是知道有这个连续，知道过去和今天有区别。我们看过去一个世纪的东西时不能理所当然地认为自己了解这个东西。看起来觉得自己了解，做了一点研究后就知道自己不一定理解，只有在那个时候的条件下才能理解它。

我就把这三个问题当作我的结束吧。如果有学生对这个问题有其他的解答，我很愿意聆听。

提问与回答

朱维铮：

非常感谢卜教授跟我们讨论这个问题。

中国的学者中很少有人在公开场合谈论中国过去的刑法是怎么做的，就像我们现在已经把“文革”十年中间的抄家、私刑这些东西都快忘光了一样。凌迟不是中国折磨人最厉害的东西。卜教授对这个问题感兴趣，这很好。中国人大概看惯了这种东西后比较麻木了，譬如中国人虐待动物就是很多西方人看不惯的事情，而比较原始的人就很看得惯。另外比如到现在为止，广东人还偷偷地吃猴脑，这是极端残酷的做法。这个题目确实非常令人感兴趣。当然，中国人老早就对西方人反唇相讥。比如我读大学时，读世界史，讲到世界中世纪史时，就会讲到西方人对所谓的女巫实施火刑，还有刚才卜教授讲到的分尸。有人说中国只有商鞅时代才实施五牛分尸，而欧洲人直到17、18世纪还在实施磔刑（分尸）。

一个不会反省自己的民族是没有希望的民族。西方人反省就比较快。18世纪法国的启蒙学者就觉得中国什么都比西方先进，但到了19世纪就都反过来了，觉得中国什么都不好。我想这就是一个文明在进步的问题。到了19世纪，中国能够指责西方的就只剩一条了，那就是到了天主堂看到耶稣钉在十字架上的像就会说西方人比我们还残酷。中国人的凌迟就是千刀万剐，到最后再刺穿心脏。当然，卜教授刚才讲到的照片其实还不是中国清朝时凌迟的真实样子。清朝时实施凌迟时要先把头皮一刀拉下遮住眼睛，不让犯人看凌迟过程。明朝时实施凌迟，如果不割满一千刀犯人就死了，刽子手是要受处罚的，所以中国人叫“千刀万剐”。到现在上海人骂人最厉害的还是“杀千刀”，就是凌迟的遗风。所以骂人说“杀千刀”意思就是该凌迟处死，这就证明他们不觉得凌迟是一种酷刑，而觉得是应当受的处罚。

确实如刚才卜教授讲到的那样，17、18世纪以及再往前到朱元璋所在的14世纪，中国人经历了一个刑法观念的变化过程，也就是中国人对自身的看法，即对作为一个人的看法有了变化。当然这也反衬了西方的观念变化。有时候我们会讥笑西方，比如我们最近翻译了几部关于欧洲风化史的书籍，书中提到直到19世纪西方的女人还不穿内裤。我对鸦片战争之后派往中国的使节们的太太穿不穿内裤这个问题很感兴趣，不过我没有考证出来。(笑)当然从中国人的眼光来看，这就是野蛮的表现。倒过头来，我们来看这些东西，可能会出现文化认知上的差距。现在中国很多人对反对死刑很反感，尤其是对美国、加拿大。其实，自有人类以来，“杀人偿命”自古就是天经地义而且是很文明的行为，杀人不受处罚或者为某种目的而杀人就非常不好了。

我给卜教授提个建议，除了研究凌迟外，还应研究中国人和西方人对吃人的观念的不同。我一直想找一个人来写一部中国吃人史，我们的吃人史一直延续到三年困难时期。我们如今在电视上大讲三国时曹操如何，却不知道曹操手下有个谋士叫程昱，他的主要任务就是收集人肉晒干后掺进粮食做军粮。我们现在讨论时都不提这些了。当然吃人不是只有中国才有的，到现在可能还有一些地方还有。今天卜教授针对这类情况提出一个非常有趣的问题，即我们是怎样看这些问题的，不仅对那些罪人，还有对普通人，我们是怎么看他们的。因此他才提出问题来研究凌迟。

现在卜教授还为我们留下了相当长的时间供我们讨论，各位有什么问题的话可以和卜教授一起探讨。

卜正民：

我要补充一点。这是我们三个人一起做的研究，所以大家提的有些问题我不一定能回答，因为我只做其中一部分。

学生：

卜教授，我想问西方人用英文描述凌迟时，他们是用 Chinese torture（中国的酷刑）这个词呢，还是就是用 lingchi（凌迟），或使用其他的表达？谢谢！

卜正民：

他们很少用 lingchi 这个词。这个词对外国人来说不好翻译。有些翻译就用“death by a thousand cuts”（杀千刀）和“lingering death”（慢慢地死）这两种说法。这两个说法其实从意思上讲都不对。凌迟不是很慢地处死。按照我们的理解，大概到第四或第五刀时就刺向犯人的心脏了，在凌迟最残酷的过程到来前，犯人已经死了。在凌迟中，犯人只是感觉到了一点就被杀死了。而且到清末时，被凌迟犯人都吃了很多鸦片，所以他们基本上感觉不到什么。因此“lingering death”这个词可能不太合适。“death by a thousand cuts”也不行，因为刽子手不是杀到千刀才把罪犯处死的。现在国外“death by a thousand cuts”这个说法很流行，可是它跟凌迟好像没有什么关系。“death by a thousand cuts”是怎么用的呢？譬如一个政府要把某个政策或项目废除，他们不是一下子就废除的，而是慢慢地一部分一部分地废除，此时我们就用“death by a thousand cuts”这个说法。我不知道大部分西方人说“death by a thousand cuts”时有没有想到过中国，我想极有可能跟中国没有什么联系，这是一个我们西方的词。

学生：

卜教授，请问启蒙运动时期等级观念跟中国刑法有联系吗？您刚才谈到有两个作家说中国人比俄罗斯人或法国人聪明，我不知道这种区分有没有什么等级观念的意思，西方有这种研究吗？您的研究中有没有涉及到这些？

卜正民：

我对西方的法律史不太了解，对不起，我恐怕没有办法回答你的问题。我只是从别的历史学家那里知道，18 世纪英国人是特别强调需要更多区分的，而不是用一个刑法来对待所有的行为。他们觉得要区别开来，而且要用不同的刑法表达这些区别。这可能是因为 18 世纪尤其是前半叶英国犯罪的人特别多。英国经过工业革命，在资本主义化和工业化的过程中，有很多很多犯罪的人。如果把所有犯罪的人都杀死，那就要有太多人死去，因此他们就想办法将之分别开。17 世纪末 18 世纪初出台的一个新刑法就是把这些罪人送到澳大利亚去。

学生：

刚刚讨论到 19 世纪外国来华人士看到中国这些刑法，感到很残酷、很野蛮。其实中国人看到这些东西可能也不一定是麻木的，他们也会反感。政府希望他们会有这种感受，中国的刑法是一种惩戒性的刑法。

卜正民：

我想你讲得很有道理。鲁迅写的几篇小说就提到酷刑。鲁迅是最好的批评家，他使用酷刑来表达他对中国群众不能改造自己的思想而愿意去看酷刑的批评，譬如他的《药》。他是批评某一种态度。你说得对，中国人也不是麻木地接受这些东西的。我有另外一个证据，就是 19 世纪在中国很流行的一本书《狱历》，描写死后要通过什么地狱的经历才能再生，这本书在 19 世纪后四十年特别流行。这本书描写了犯什么样的道德罪在地狱里就会受到什么样酷刑。从这本书就可以看出，一般的中国人对酷刑这种东西也很反感。要是没有反感的话，就不会把它写进地狱里去了。在这时候，写游记的来华西人可能不会讲中文，也没有中国朋友，也没有跟中国人真正讨论过这些问题，他们就是看到某些东西后表达了自己的感觉，因为他们没有办法表达中国人的反应。

学生：

您演讲的题目是“近代西方人眼中的中国凌迟”，那么西方人主要是通过什么来了解中国的凌迟呢？除了您刚才讲的凌迟照片外，还有没有其他东西？不同的西方人看到凌迟会有什么不同的反应呢？

卜正民：

照片之外就是游记，不是视觉的东西就是读的东西。19 世纪末西方人的游记里面肯定会把在中国看到的酷刑写进去，好像有一个非常情绪化的目的。另外，不同的西方人对凌迟的看法确实不同。有的人认为凌迟代表了中国文明的秘密，他们特别看不起中国。传教士觉得凌迟的存在表示中国很需要基督教，如果中国有基督教的话就不会有凌迟了。这其实是很笨的看法，因为他们的耶稣也是通过凌迟才当上基督的。我还有另外一个例子。法国有一个比较有名的医学家巴泰（Georges Bataille），他研究医学和哲学。他从二三十年代开始收集这些（凌迟的）照片，因为他觉得欧洲已经经过了现代化，不能让人有真正的感觉了，只有看这些残酷的照片，回到当时本人的状态才能有感觉，这跟他基督教的信仰有联系。他认为我们不知道耶稣死前真正受苦的经验，欧洲人不能亲眼看到这些现象，他要用凌迟的照片来发现已经丢掉的宗教体验，这很复杂。还有一些人认为巴泰用这些照片就是有赤裸裸的色情的感觉。这个我就不多讲了。20 世纪初也有法国人写一些以凌迟为题材的小说，这可能跟法国的一些医学界的问题有关系。这些东西跟中国没什么关系，这是法国意识形态的问题。

学生：

在您的研究中，中国凌迟这个问题是如何影响西方人对中国的看法的？

卜正民：

欧洲人并没有多少机会看到这些照片。这是一个比较特殊的东西，现在网上有的一些已经出版了，现在外国人没有人看到这些照片，而且也不一定把这些照片作为中国的象征。我只是说一个世纪以前欧洲人特别爱把中国和凌迟联系起来的。等我们的那本书明年出版后也许能给你一个更好的回答。

学生：

我接着他的问题问。您在演讲中提到了福柯，那您是怎么看待萨义德(Edward Said)的？

卜正民：

我特别尊重萨义德。我知道最近有一个反萨义德运动，我不知道中国是否有反萨义德的思想。萨义德的《东方主义》(1978 年)出来时，汉学界完全都不接受的，我看了后觉得他的批评很好。他是从文学的角度来看欧洲是怎么看待亚洲的。他很聪明，他不是说所有的英国文学没有价值——因为文学界看不起亚洲，亚洲没有文学家，他要外国的读者了解我们的小说、新闻等文字里有“东方主义”这样一个态度。我想他的批评很到位。他的批评如何能够完全应用到外国人怎么看中国中去，我不是很清楚。我觉得并不是所有的外国人都看不起亚洲的东西。我想萨义德最好的一部分就是人们无意中把一些不是那么启蒙的思想留在他们所写的东西里。对不起，我回答的不是那么清楚。我觉得从一个汉学家——我不知道自己是汉学家还是历史学家，反正从我研究中国历史——的角度来看，萨义德的东西对研究历史来说很有用处。

学生：

前年SARS流行病在北美引起恐慌，让他们很反感中国人，觉得中国人为什么会吃奇奇怪怪的动物尸体呢？这种看法发展到将来会不会演变成全人类都吃素？有没有人研究过中国人吃动物的历史？

卜正民：

我不知道在中国学界有没有人在研究这种问题。我知道法国有一个研究佛教历史的人，他最近写了一本关于中国跟牛的文化的书。他说宋朝以前中国人都不吃牛肉，因为吃了牛，就没办法耕田。道教是比较反对吃牛肉的，佛教就更不用说了，他们什么动物都不吃。我是从来没有想到过对牛的避讳的，他写了这本书，我觉得很有意思。

朱维铮：

他的这本书还没有翻译过来。不过我觉得里面有一个问题，他忘记了中国自古以来就有“太牢”，就是牛、羊、猪三牲。牛要从很小就开始养，要纯毛的，牛角也很有讲究，只有这种牛才能拿到太庙里祭祀。这个传统在中国一直保存了很久，所以中国很早是吃牛的。到了后来开始忌讳吃牛。如果不是专讲意识形态的话，这大概跟中国的牛耕有关系。因为有牛耕了才会用佛教不杀生这种理论来避讳吃牛。刚才讲到将来全人类会不会吃素，我不知道会不会，但人类之所以能演变成现在这种样子就跟人是杂食动物，特别是与吃肉有关。正是因为吃肉人才会有现在的脑子和现在的身体，以后全部都吃素了，人类会不会就变成牛，那就无法知道了。对现在西方或中国人对人类未来的猜测，我是抱怀疑态度的。要讲中国人的吃的话，完全不能用一个标准来衡量。广东人什么都吃，可是毛泽东到陕北去时就发现陕北人不吃鱼。关于饮食习惯这个问题，恐怕在中国是非常复杂的。有很多禁忌的东西，在一个地方认为是禁忌的，到别的地方就不是了。这是一个很奇怪的现象，非常值得研究。

学生：

您的演讲让我想到中国古代帝王的皇权控制思想，他们杀起人来眼都不会眨一下，您对此有什么看法？明末崇祯对自己曾经特别信任的袁崇焕为什么会恨不得“吃其肉，寝其皮”，您能谈谈吗？

卜正民：

关于明末的情况，我不太清楚。明朝用凌迟的事情，我所知道的是前半叶的，后半叶的我不了解。在正德晚期，有一个人叫刘瑾，他最后要受凌迟处置，正德皇帝说要让他受三天的凌迟才让他死，真是很厉害的。但是，他第一天受凌迟后回到监狱里还能吃晚饭，皇帝知道后就大发雷霆了，于是第二天的刑法就加重了，结果他第二天就死了。但关于明末的事情我不清楚。

朱维铮：

那就是另外一个问题了。刚才讲到袁崇焕，大概是受网络影响。现在网上到处都在乱七八糟地讲。这和今天的题目已经关系不大了。我们是不是还应该围绕卜教授的题目来提一些问题呢？

学生：

我想请问卜教授，您刚才讲到凌迟是让罪犯最痛苦、最受侮辱地死去，您也讲到了身体的痛苦这个问题。那您能谈谈西方人对凌迟给心灵造成的羞辱以及给家人带来的羞辱的看法吗？

卜正民：

我没有对此做过研究，并且资料中也很少有提到的。不过你的问题让我想起另外一个问题，这就是20世纪初西方人有个理论，他们认为中国人对痛苦的感觉和欧洲人不一样，中国人更能吃苦耐劳，没有西方人那么敏感，西方人不会用凌迟，因为他们对痛苦的感受会更强更深。20世纪初尤其是民国时期，法国就比较流行优生学，就是通过提高出生者的健康情况来改善国家的政治地位。

学生：

您刚才讲到中国有一些艺术家用凌迟作为艺术表现形式，他们是出于什么样的心态呢？你们三个人研究凌迟又是出于什么心态呢？

卜正民：

这该叫我怎么回答呢？我们三个人可能都不一样。我的法国合作者特别关心历史上欧洲人对中国的偏见，他在法国的里昂大学做了一个很大的研究项目，不仅对凌迟，而且对中国所有的酷刑做研究。他有两个目的，首先是改变对中国的偏见，其次他是研究清朝法律的专家，他觉得不懂酷刑就没有办法解决清朝的法律问题。第二个合作者是研究16世纪到20世纪的欧洲人眼中的中国历史，凌迟是他研究项目的一小部分。他对凌迟的兴趣不如其他的酷刑那么大，他对其他的西方人是怎么看中国的历史很感兴趣，是我们把他拉进这个项目来了。至于我，我觉得历史上尤其是中国历史上有什么让人觉得难受的东西，这个题目值得研究，并不是我觉得这些问题比其他问题更重要，而是我觉得要找一个让人比较不舒服的题目更能让人思考一下历史是怎么一回事。我想将来我不会再做什么酷刑的研究了。台湾陈界仁是针对国民党的，有政治的原因。陈界仁的画特别有视觉冲击效果，这可能跟国际艺术市场也有关系。不过我不应该这么说。

学生：

我是法律系的学生。您讲到法典中并没有规定凌迟，但实际的法律操作中是有这种现象的。在古代的法律思考过程中这并不是特殊的现象。有法律学者做过研究，大概有几十种酷刑都是在实际中运用而法典中没有的，并且这些酷刑并没有随着中华帝国的覆灭而消失。而且据我所知，即使在现今的司法刑讯逼供中，除了借助工具的那些方法不能用外，也有很多跟古代的酷刑有异曲同工之妙。您刚才还提到过去和今天的联系，那么您觉得在这些现象的背后还有哪些更值得深入关注和思考的东西？研究这些对我们今天又有哪些帮助？谢谢！

卜正民

我认为当然是可以想到这种联系的，世界上很多东西都是这样。法律允许警察做的行为跟警察实际的行为之间是有区别的，好的政府总是会控制警察的行为的。这是一个很复杂的问题。法典里很少提到非法的酷刑，写小说的却很喜欢提这些。但政治上的文献很少提到。康熙 1687 年左右写了一篇很长的文章，命令停止使用非法的酷刑，这说明他是知道这些酷刑的。而且这样的酷刑在群众中的影响是很厉害的，但实际上用了多少，我们没有办法知道。我们的研究很不充分，我们只看到了很小的一部分。正如我已经说过的那样，需要不少时间在第一历史档案馆查资料才能更好地知道真实的情况。

学生：

卜教授，您好。凌迟这种酷刑的完成需要双方共同合作，即既有受刑者还有行刑者，西方人拍照片时可能更关心受刑者的痛苦，那么有没有人去关心行刑者的感受，在他们心中行刑者有什么不同寻常的地位或者象征，执行酷刑的行刑者和执行其他刑法的行刑者有什么样的不同？再回到西方的社会中去，西方16或17、18世纪的行刑者在观众的心目中有什么样的地位？观众对行刑者的身份有什么样的忌讳？我想这可能使关于酷刑的研究更加深入。

卜正民：

这是一个很好的问题。我们一开始这个研究，就拼命找关于行刑者的资料，但是很难找到。在英国和法国的法律史上能够找到很多资料。巴黎一个很有名的家族，所有重要的行刑者都是从这家族出来的，好像他们的专业就是杀人。他们的故事也流传得很广，大家都知道他们是谁。关于英国的行刑者我们知道的也比较多，18、19世纪的资料非常丰富。我们想到中国找这样的资料，但彻底失败了。大概只有一个记载。有个旅游者写了一篇游记，说广州的一个行刑者大约杀十个人就要休息一下。这个旅游者乘休息时间上前询问行刑者，问他是怎么行刑。行刑者很愿意讲，说自己不是专业的行刑者，该地的专业行刑者到别的地方去了，所以才找到他。他还说杀一个人大约能挣十块钱，他觉得这个工作不值得做，因为工作条件不好，报酬也不高。这个外国人说想买他那把杀人用的刀，这个行刑者答应了。除了这个故事以外，我对行刑者一点也不了解。不过，从这些照片中可以看出来，这些行刑者是中年人，他们穿的很整齐，表情严肃。他们所知道的就是这是一份工作，要把它做好。他们把它看成是一个职业。中国多少城市有凌迟，我们并不清楚。我们知道北京和广州有，其他就不知道了。有些地方有，有些地方没有。至于有多少行刑者这些问题我们连初步的研究都没有做过。这要等以后再考虑。

朱维铮：

刚才提到的中国刽子手世家，这大概要从小说里才能找到。中国的不少笔记小说有这方面的记载。有人把杀人当成一种职业，跟杀猪、杀狗没区别。有时要罪人死得快一点，刽子手得到命令或者有人请托的话，他们就会一刀致命。有时要罪人痛苦多一点，刽子手就会慢慢地让他死去。这在宋朝以后的笔记里有不少记载。至于说他们的心态怎么样，那就很难讲了。这些人很少表达他们对人或对生命的看法，他们就是从专业的角度杀人而已。这跟专业的屠户没有什么区别。

学生：

卜教授，我想问一个问题。您刚才讲到宋朝时皇帝有凌迟的行动，但正规的文本中没有记载，到了明朝以后开始慢慢讨论并加到文本上面去了。您觉得这种转变背后有什么原因？

卜正民：

这可能是跟中国的人道传统有关系。大家都觉得杀人不是一件好事情，很野蛮地杀人更不是一件好事情。所以从这个传统来看，宋朝就有不少的知识分子批评凌迟，觉得虽然那个人的罪很重，但也不应该用这么野蛮的做法。可是如果长期以来实际中有而文献中不提的话，到了后来文献就不得不提了。还有一个可能跟明太祖有关，他什么都不怕，想到什么就做，根本不怕这个人道传统。

学生：

晚清在最后废除凌迟时在多大程度上或者是否受到西方人对中国印象的影响？

卜正民：

我想会受影响的。沈家本他们知道国外的情况怎么样。这也跟新政运动有关系。1895 年后有不少知识分子譬如梁启超之类的人愿意知道国外的情形怎么样，因为他们要对自己的国家进行改革。他们到国外找一些模范，劝说中国政府进行改革。废除凌迟就一半受到国外的观念一半受到反酷刑传统的影响，没有这种传统的话，也不会那么容易把凌迟取消掉。到 1904 年 1905 年已经没有人会说中国需要凌迟，应该继续下去。

学生：

有的人对这些问题还有争论，比如同盟会就觉得有实施凌迟的必要。

卜正民：

可是好在政府里面的人不愿意这么想，不过你可能看的比我看得多。我对清末的东西不太了解，我会把这个问题送给我的法国合作者。

朱维铮：

这还有另外一个问题。清朝末年一些传教士从记录中国执行死刑的程序的描述中反推出结论说，中国处死一个人是非常慎重的。比如中国地方官不能随便杀人，如果判处一个人死刑，必须逐级上报，报到刑部后还要经皇帝批准，皇帝照例会给这个人一个减刑的机会。另外还有缓刑，即到秋天再决定，很多判处缓刑的就不执行死刑了。也有一些人从中国律的程序得出结论，说中国对于执行死刑的慎重程度比外国还好。李提摩太(Timothy Richard)的回忆录专门讲到中国死刑的执行程序。他是晚清在中国的非常有名的传教士，在中国生活了四十五年。他的回忆录中说中国一直到晚清都对死刑保留非常慎重的传统，意思是说从官方来讲并不太杀人。他说这个程序最后要经皇帝批准，这在西方是没有的。所以也有一些人是从相反角度来看的。我们来讲中国刑法的问题，这是一个很有趣的课题。

今天卜教授给我们做了一个非常好的报告，对我们也是很好的启发，提出来的很多问题值得不同专业的人来研究，因为这个问题从历史系来看很少有人讨论，我们的历史系到现在都没有改变只研究政治史、只研究皇帝政策史的传统。我们的法律史的水准之低令人惊叹，我有时候找一些法律史的书来看，觉得浅薄之极，我希望我们的法律史研究能稍稍进步些。另外我们的文学作品也不太注意这些问题，我们的文学史也不注意这个问题。比如我们讨论人，讨论对人的生命怎么看，如果我们万一要用法律来判决人的生命该不该延续或者人的生命该怎样终结这类问题，我们过去确实很少提到。今天卜教授提出的讨论非常好，非常有意思，希望通过这样的演讲对我们将来的学习和研究有一个很好的促进作用。

时间已经过了将近两个小时了，我们非常感谢卜教授给我们做的演讲。也欢迎卜教授以后有机会继续跟我们交流自己的新发现、新课题、新见解和新思路。谢谢卜教授！

卜正民：

谢谢大家！

史诗时代的抒情声音

——江文也的音乐与诗歌

主讲人：王德威

主持人：汪涌豪

王德威

哈佛大学东亚语言及文明系 Edward C. Henderson 讲座教授，复旦大学长江学者讲座教授，主要从事晚清以来的中国文学研究。著有《从刘鹗到王祯和：中国现代写实小说散论》、《中国小说：晚清到当代的中文小说》、《想象中国的方法：历史，小说，叙事》、《如何现代，怎样文学？——十九、二十世纪中文小说新论》、《被压抑的现代性：晚清小说新论》、《历史与怪兽：历史，暴力，叙事》、*Fictional Realism in Twentieth-century China*：*Mao Dun*，*Lao She*，*Shen Congwen* 等。

汪涌豪 | 复旦大学中文系教授，研究领域主要为中国古代文学，兼及古代哲学与史学。

汪涌豪：

今天我们很高兴请来王德威先生为我们演讲。王先生是台湾大学外文系毕业的，是美国威斯康辛大学比较文学博士，曾执教于台湾大学、哈佛大学、哥伦比亚大学，现为哈佛大学东亚系讲座教授。王先生的研究方向很多，主要为晚清的中国小说。王先生的著作也很丰富，最近上海书店出版了王先生的《如此繁华》，书后有夏志清先生的评价。夏先生对王德威的评价很高，称他在美国研究中国文学的人中排第一位，在台湾和内地来说都很了不起。因为“他在念书方面超过前人，大陆、台湾、香港，什么作品都看，看后又认真地写，所以他把我的东西发扬光大了，我夏志清下来以后，他就是我的接班人了”。由此可见王德威先生的了不得。到底是怎么样的了不得，我们下面就请他来演讲。

王德威：

非常感谢汪教授的溢美之词，我非常不敢当。汪教授刚才引用夏先生的那段话让我觉得很惭愧。在众多参与中国现代文学研究的前辈面前，我确实非常惶恐。今天是我第一次来到复旦大学，这是一个很新鲜的经验。我很高兴，也希望将来有更多机会参与到复旦大学文史研究院的合作。

今天的报告题目是“史诗时代的抒情声音——江文也的音乐与诗歌”。题目中的江文也是个人名，大家也许都很陌生，但就整体而言，今天我做的报告是关于声音的现代性的问题。借着对声音的探讨，我企图对过去二十到三十年以来，至少在西方的现代中国文学研究范畴里面我们所关注的一些问题，不论是国族主义的问题，不论是殖民、后殖民的问题，或者是审美与历史的机遇相互参差照映的问题，做一个重新的探讨，而今天探讨的切入点正是我要谈论的这个主题人物——江文也。

今天的报告可能要冗长一些，我首先谢谢大家的耐心。

我的报告主要分成三个部分，首先，我要谈谈江文也和他的时代，尤其是他徘徊在台湾、日本及中国这三个不同地理、政治、文化场域中，相互折冲来找寻其声音的定位的问题。其次，我要谈到江文也在他创作全盛时期，也即抗战时期在北平的一些大胆的创新实验，而这些实验具有反讽意味的是，要复兴中国儒家的“礼乐”、“雅乐”传统。第三个部分，我希望谈谈以江文也为定位的现代中国文学以及广义的文化里抒情传统的得失问题。

今天的报告内容比较多，我尽量求其精简，有不够清楚的地方，希望在讨论时大家提问，我再一一回答。我今天还准备了一些幻灯，报告最后还会播放两段江文也创作的交响乐，希望在音乐的震荡和回应中，来探寻声音在中国的所谓现代性的问题。

首先我们来看看江文也是谁，他为什么这么重要，或者在现代中国文学文化的研究中占据什么样的位置？

江文也出生在1910年，是生长在台湾北部一个名不见经传的小镇三芝乡的客家人。他1917年到福建厦门日本人经营的汉文学校研习，1923年到了日本，这是他一生浪漫冒险的起点。在东京一所职业学校，他白天学习机电工程，因为他喜欢音乐，尤其是声乐，所以晚上就去参加声乐训练班。

一九三六年的江文也

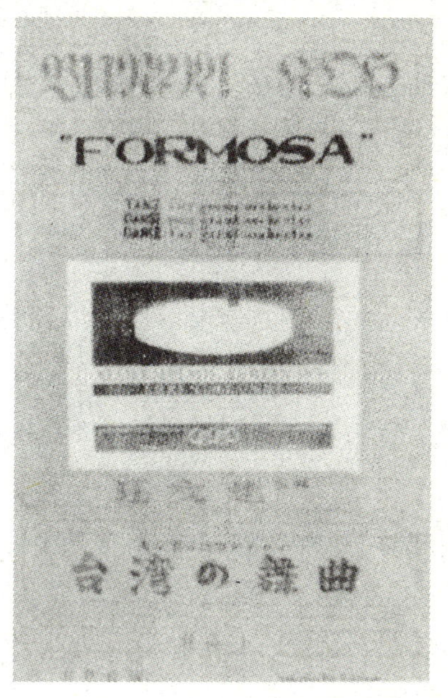

台湾舞曲

1923年之后，他开始了自己对音乐（声乐和乐曲）世界的摸索。1932年后，他逐渐介入日本新兴的前卫音乐的创作活动中，这些活动引领他达到了他事业的第一个高潮，那就是1936年春，江文也以管弦乐曲《台湾舞曲》在柏林奥林匹克音乐比赛中获奖，他是唯一得到名次的有日本背景的台籍音乐家。这是他事业的突破，也给他在日本乐坛带来了更多的期许。然而，他却没有前往维也纳参加颁奖典礼，而是决定来中国旅游，这是他1923年离开中国后第一次回到这片土地，也是第一次到了北平和上海。这次旅游深深地震撼了江文也，成为他魂牵梦萦的记忆。在之后的两年里，他不断用日文发表他对中国印象的感怀，1938年，他终于做出一个最重要的决定，接受北京师范学院音乐系的聘任，开始在中国担任音乐方面大学程度的教职。这是他生命的一个大转换。

在1936—1938年，究竟是什么动力让江文也这样一个有台湾背景、在日本成长的音乐创作者对中国有这么大的爱好呢？这里面有一个媒介人物:亚历山大·齐尔品(Alexander Tcherepnin),这是一位热切崇尚东方音乐的俄国作曲家,江文也正是受其影响和鼓励开始对中国的热爱和对中国音乐的追求的。

现在我们就把我们的论述回到中国的场景。我们不禁要问:中国的声音在现代性的表征里到底占据了一个怎样的位置?我个人认为,现代中国对于新的声音的追求可以追溯到鸦片战争前夕。当时,像龚自珍这样的文人曾经哀叹他的时代暗哑不明,因此他希望找寻一种"黄钟大吕"来唤醒国魂。我们大家都熟悉的诗句"九州生气恃风雷,万马齐喑究可哀",在当时的中国,这是一个沉默的大地,一个所谓万马齐喑的时代。江文也继承了这样一个对时代声音的敏锐的召唤,仿佛之间他似乎在和龚自珍的传统对话。龚自珍所呼吁的是一种怎样的声音呢?他希望有一种天地为之钟鼓的声音,从此方能振聋发聩,唤起一种声音的重要的母题。而这种所谓振聋发聩的声音,从章太炎曾强调的"雷霆之声",到鲁迅希望以一种"真的恶声"来"呐喊"、来唤醒中国人,无不如此。这个声音代表一个时代,来自求新求变建国强国这样一种集体的怒吼。但是在这样一个对声音的追求下,却有一个有趣的问题:让这个声音形成的理论架构,还有让声音得以发挥传播的技术层面,到底来自哪里呢?也许这个理论架构、技术层面仍是对西洋或东洋声音的理论和技术的接引、引渡和重新诠释。所以在这里,对于媒介的问题我们必须加以注意。

然后,我们再转到音乐论的传统里曾经有过的一些重要贡献。早在1903年,匪石撰写了《中国音乐改良说》,严厉地批评传统音乐文化的封建和孔教的窠臼。为了重振中国的国民性,这一代乐论家呼吁要按照西方的模式来进行音乐的改良。在这个传统之后,从1904年开始,由李叔同及沈心工引入了西方的曲律作出来的《学堂乐歌》,可以说是声音启蒙的另外一种展现。在以后的数十年里,中国的音乐教育、作曲表演都经历了巨变。这里我举一些名字,大家听了以后就能触类旁通了。譬如萧友梅、王光祈、赵元任、冼星海、黄自、丁善德、马思聪,这些都是我们大家耳熟能详的重要作曲家和乐评家，他们都有个共同点，即绝大部分“五四”前后的作曲家或者乐论家都有过留洋的经历，他们把西方民族主义的观念带回中国，然后强调中国音乐再一次的民族现代性的寻找过程。所以，他们共同承袭的特征是对18—19世纪欧洲音乐的强烈关照和专注，他们所运用的技巧，如大小调、等音音阶、和声等，都一再反映了他们对西方声音典范的坚持，而在作曲以及演唱的观念里面，他们特别强调“五四”国家主义的欲求，他们努力通过乐声来再现所谓知识青年、文化分子感时忧国的号召。这是所谓中国现代音乐的主流。

在了解了这样的背景后，我们再来看江文也的问题。当1936年江文也来到中国，正值中国抗战的前夕。在这样大的一个历史场景里，江文也怎样和中国的所谓声音的论述以及声音的演出发生对话呢？西方文化熏陶成长的江文也无疑与当时中国声音的主流格格不入。我们现在来看江文也在音乐上的传承。我们知道，日本对于西方音乐的接受早自于明治维新之后，大约在1870—1880前后就已经大量接受西方音乐及声乐的影响。到1910年左右，西方音乐已经成为日本文化及艺术建构的重要部分。江文也在这样的环境里成长，耳濡目染，当然对西方的现实主义、浪漫主义乐派产生了兴趣。他在二三十年代求学的名师山田耕筰（Yamada Kosaku）就是当时日本音乐现代化的重要引路人。江文也在学习过程中逐渐感到了不满意，他希望他的心有更多的寄托，希望有更多音乐的声音吸引他。

当时西方作曲家一方面逐渐瓦解18、19世纪以来西方现实浪漫主义乐派传统音乐严格的曲律，另一方面强调用不同的声音带出各自不同的文化和不同的民族曲风。这里有两个问题需要注意：第一，在20世纪二三十年代的日本现代乐坛，传统的西式交响乐已经发展到了巅峰，新一辈的作曲家已经开始努力找寻突破性的、前卫性的、现代性的声音；第二，在找寻现代声音的同时，他们也开始理解到这个声音在某种意义上也必须带有他们民族曲式的特色，必须适当反映地域的色彩。这两者在某种意义上是有冲突的，一方面希望用西方广义的、世界性的、约定的音乐来俗成，另一方面又希望占据民族曲风的阵地来加以重新改造。所以在这个意义上，江文也及其日本的年轻同事是站在一个阵线上的，非常前卫，绝不和现实妥协。

但是，下面的问题来了。江文也不只是专心音乐而已，他也顾及到音乐不仅仅是一个简单纯粹的声音的重现或审美诠释，同时在某个层次上也会受到历史环境、政治因素的制约。我这里要问的是：江文也作为一个来自于台湾殖民地，在日本成长的次等公民，他的现代音乐要在什么意义上表现所谓的民族性呢？他的民族性到底是日本的民族性，还是台湾的民族性呢？接着这个问题，如果从 19 世纪末期，也就是明治维新以来，日本对广义的西方文化全盘接受，在当时成为一个风潮，这种接受在一定意义上是不是一种文化殖民主义的现象呢？也就是说，日本的领土和政权在当时没有受到所谓西方帝国主义势力的侵扰，但在对文化的接受上，这种一面倒的风潮是不是也是一种变相的文化殖民主义的诠释呢？这是第一个问题。如果回答是肯定的话，那么江文也作为一个从台湾殖民地到日本的艺术家，他是不是必须要从殖民地的观念，由转接再转接这样一种方式来求取对欧洲音乐殿堂各种各样的声音以及曲律的接受呢？所以，对江文也来说，这就不仅仅是单纯的对西方音乐简单的再创造或者模拟了。当时的日本人一窝蜂地要在现代音乐里去找寻民族乐风的尝试，江文也的难处就是，在何种意义上他可以说是个不折不扣的日本人？他的创作可以代表日本的曲风吗？这里显然有个合法性的问题。问题继续推延，另外一个方面，如果当时所谓的民族主义不见得只是一种内烁的道统的自然流露，也就是说民族主义不见得是与生俱来的，从血统论来诠释的观念，而可能是 19 世纪末期欧洲输入的一种属于现代的意识形态，且这种民族主义可以通过政教机制来培养的话，那么像江文也这样从小就日化的艺术家，不也就同样有资格来代表日本创作所谓民族性的音乐吗？如果民族主义是可以学而得之的意识形态或教化传统的东西，江文也当然有他的文化传承来成就这样一种想象。由此类推，江文也在 7 岁离开台湾，一直到 30 年代中期才短暂回到家乡，除了血缘、种族关系，他对台湾是陌生的。在什么意义上他还能称得上是台湾的当然代表呢？这是我们值得思考的问题。

以上是江文也在追逐音乐的民族性和现代性上面临的两难问题。

我们待会儿听江文也的音乐，对他而言，或者对其他乐评家而言，通常都是强调他有独特的台湾乡土色彩。而这种乡土色彩到底是他真正从乡土汲取的一种灵感的泉源，还是他自己的一种发明，这是需要注意的。

我在这里需要强调的论点有两点。我认为在这个时期他所追逐的有民族风的音乐其实是一种所谓“想象的乡愁”的呈现。我在乡愁之前加上“想象的”，就是为了特别强调一个艺术家的乡愁，可能是因为他长期远离故土，也可能来自他已经失去了与土地灵犀相通的感应。乡愁是一种捉摸不定的东西，在这个意义上，江文也与台湾之间若即若离的关系不妨用“想象的乡愁”来定义。一方面，30 年代他只是短暂地访问了台湾三个星期，但他对台湾的一草一木都感动不已，这在他以后的很多散文中都有体现；另一方面，他又想象台湾是一个曾辉煌过但现在已经完全堕落的文化的荒原。他有一首诗歌是这样写的：

> 在那里我看到了华丽之极的殿堂，看到了庄严之极的楼阁，看到了围绕于深邃丛林之中的演武场和祖庙，但是它们宣告一切都结束了。

也就是说，台湾的辉煌还没有等到江文也来接收，就已经烟消云散了，台湾对他而言也同样是一个文化的荒原。

徘徊在原乡的牧歌式的想象和所谓的“颓堕”的荒原这两种极端之间，江文也谱出了一首又一首的乐章。几十年之后，我们不禁要问，这些乐章是来自于江文也真心地对台湾所谓刻骨铭心的感受，还是他在日本舒服的创作环境下，为自己或日本听众谱写的一曲又一曲来自想象中的异国情调的乐章呢？想象的乡愁和异国情调之间的差别往往是非常微妙的，尤其是在 20 世纪二三十年代的日本，异国情调成为当时的大正时期文化消费的新风潮。我要强调的异国情调和日俄战争后展开的民族的帝国侵略主义是息息相关的。江文也一方面对那遥远的南方，尤其是充满了光、亮和影的台湾非常向往，那不可知的、野蛮的，但是又有一点点情色与诱惑的台湾充满了吸引力，另一方面又觉得日本新得到的帝国疆土是遥不可及的欲望对象。

江文也是一个台湾人，但是和台湾关联很少。同时，他在日本虽然和日本真正强烈的民族主义格格不入，但又不能不是一个二等的日本人，用日本人的观点来告诉日本人他对台湾的感受。所以，徘徊在异化的局内人（alienated insider）和知情的局外人（informed outsider）之间，江文也所展现的对音乐的那种模棱两可的暧昧情绪，就很难用异国情调或乡愁一语概括了。这一点在他创作的高潮，即 1936 年创作的《台湾舞曲》里表现得淋漓尽致。等下我们会播放《台湾舞曲》给大家鉴赏。

在 1936 年，江文也一直在想自己究竟应该站在一个什么样的位置创作出具有民族色彩的现代音乐，但各种各样的资源都找遍了也找不到出路。就在这个时候出现了一位贵人，他就是亚历山大・齐尔品。

齐尔品来自俄罗斯一个传奇的音乐世家，他的父亲尼古拉・齐尔品是旧俄贵族，名气也许比他还大，因为他是普罗柯菲耶夫（Serge Prokofiev）的老师。这个家庭在俄国革命时迁居到巴黎，从某种意义上讲，这是一个失根的传统的俄国精英家庭。在亚历山大・齐尔品的成长过程中，他不断地感受到对于现代音乐的追逐不应该只以西方或者欧洲大陆的疆界为分界点，他特别强调欧亚音乐的合流。在这种前提下，齐尔品在 1934 年展开了寻找亚洲音乐和东方音乐之旅。他原计划到中国、日本、菲律宾、新加坡、埃及和巴勒斯坦。第一站就是上海，到上海后还没有展开行程，就已经迷得头晕目眩。当时他在上海国立音乐专科学校的一位老朋友告诉他，要找的东方就在上海，不需要再到其他地方了。齐尔品觉得这是很好的建议，就决定取消其他的行程，除了日本。因为日本比较近，所以要去一趟，其他的东方以上海为代表就行了，这是他的“东方主义”见证。1934 年，齐尔品在上海停留期间是非常积极活跃的，他结识了文学大师鲁迅，两人见面之后相谈甚欢，相约把《红楼梦》改成大型西方歌剧，鲁迅曾答应给他写歌词，但由于鲁迅两年后去世，这个计划未能实现。洋人到了中国，又那么热爱中国，必然要谈一场恋爱。因此他还和一个广东籍的钢琴家李宪敏坠入情网。不止如此，他对东方音乐的探讨已经到了如醉如痴的地步，他觉得东方音乐最具核心的表现在曲式上是五声音阶的传达。他甚至觉得西方的东西，比如莫扎特的音乐，东方人都不应该学。东方人应该学20世纪以来最前卫的东西，然后与东方传统的东西接在一起，这就是他认为最精彩的欧亚的表现。在这个前提之上，他甚至结识了京剧大师梅兰芳，还认识了梅兰芳的重要支持者齐如山，并被齐如山收为义子，起了齐尔品这样的中文名字。在这个渊源下，1935年齐尔品到了日本，见到了江文也。在中国找了这么久，都一直找不到理想的可以训练的对象，因此两人一见如故。在齐尔品的号召下，江文也了解到，尽管他在日本乐坛的成就有目共睹，但要寻求真正音乐的突破，真正做出既有现代性又有民族性的音乐，必须回到祖国。而这个祖国正是他最陌生的地方，所以在这里，我们有一个非常矛盾的悖论。

当1936年江文也放弃亲自到维也纳领奖的机会，来到中国，在北平车站欢迎他的不是别人，正是这位俄国作曲家齐尔品。第一阶段的故事到这里大概可以告一段落，现在的问题是：江文也在作为一个前卫的、跨国的音乐家的姿态下，从来不能摆脱殖民地——台湾之子的阴影，再前卫、再清纯的现代音乐总是有那么一点点政治的阴影；第二点，他所醉心的西方现代主义必须经过日本的中介才能有所得。江文也和西方的接触是一个转嫁的、媒介的过程。而最有趣的是，在将来，在以后的几十年里，他留在让他生死相许的这片热土，这片中国的梦土，其实是受一个俄国的音乐家的启发。可以说，没有齐尔品，就没有后来对中国那样痴心迷醉的江文也。所以说，在不同文化和地缘的政治板块之间来回游走，江文也代表了一代台湾艺术家在努力调整自己的身份。这个身份可以通过以下的标签来想象，像是从殖民主义到帝国主义，从民族主义到国际都会主义（cosmopolitanism）等各种挑战。正是在这些板块之间，江文也展开了他第一阶段的冒险，这种冒险是他事业的序曲。

吴韵真与江文也

当江文也1938年3月抵达北平时，北平已经沦陷，抗日战争已经如火如荼地开打了。但江文也到北平后，却觉得这个城市真是太好了，我们在他的笔下完全感受不到任何炮火的威胁。他所凭借的是他那本日本护照。在1938—1939年，中国人感受到的是生灵涂炭，要万众一心抗日，江文也却在北平的大街小巷溜达，倾听着各种不同的市声、戏曲、管弦丝竹之乐，并沉醉其中。沉醉之余，不顾自己在日本已经娶妻生子，还和北京师范学院音乐系的一位女学生吴韵真恋爱结婚了。同时有两位太太，且两人各为他生了四个和五个孩子，在今天也许觉得不太可能，但在那样的战争年代，这也算不得什么奇怪的事。我讲这一段只是为了说明他所处历史的暧昧性。他在正常上课时间住在北平，放假时回到日本，就这样来往于北平和东京之间。也正是在这个时候，他达到了创作的高峰。

在1939年，江文也创作了大型的管弦乐《孔庙大晟乐章》。从名字就可以看出这个管弦乐气魄非常大。这个管弦乐章来自他对齐尔品谆谆教诲的回应，因为齐尔品一再告诉他是中国人，必须创造出有民族乐风的曲式。《孔庙大晟乐章》所强调的，一言以蔽之，正是对于中国传统的正统的雅乐的再一次召唤和复兴。他所要创造的雅乐，就是孔子所哀叹的礼崩乐坏后的那个想象中的已经失传的音乐。江文也有这么大的野心，要回到二千多年前依循孔子对自己之前的礼乐的乡愁再一次重新创造。他的音乐创造正是验证了我们刚才所讲的，一方面有强烈的民族精神的召唤，另一方面也不妨看作是一种再发明、再创造。过去所有的理论、曲式、乐谱早已渺不可得，在什么样的情况下从日本来的台湾作曲家要把中国最正统的音乐再一次复兴呢？这是江文也最大的挑战。等下我们会播放《孔庙大晟乐章》的一个片断，让大家来体会一下。

我们要提的问题就是，如果我们对江文也早期的音乐已经有所认知的话，可以立即感受到他现在音乐风格的剧烈转变。在 1938 年前，江文也的音乐色彩是非常丰富且明晰的，旋律是跳跃的，其音乐的肌理是非常清楚的，和弦非常大胆，调性非常强烈，这些都让我们印象深刻。而在《孔庙大晟乐章》中，音乐突然变得沉静了，变得单纯了，单纯到甚至让人觉得有些无聊。这让对江文也早期音乐有所认知的人感到震撼。江文也在北平居住期间，参加了每年的孔庙祭典，看到祭奠仪式非常庄严肃穆，他希望用他的音乐来重现这种庄严肃穆的感觉。《孔庙大晟乐章》乐曲分为六章，从迎神到初献到亚献到终献到撤馔到送神，整个乐曲就是祭孔仪式的再现。聆听乐曲，人们仿佛在声音的震撼里经历了一次祭孔典礼的洗礼，这是他最大的野心。

同时，在创作音乐的同时，他也创作了他个人的乐论。这个乐论的名字叫做《上代支那音乐考》，我们今天把它翻译成《孔子的音乐论》，这是他个人理论的心得。所以，这位作曲家不仅是作曲而已，同时在音乐乐理方面也有所贡献。对他来说，整个音乐创作依循的规则就是所谓的“中和之声”，这是对过去“礼乐”最完美的声音再现。这个声音可以用他的一个专有名词“法悦境”来解释。“法悦境”是江文也当时乐理的结晶。

> 没有欢乐，没有悲伤，只有像东方“法悦境”似的音乐。换句话说，这音乐好像不知在何处，也许是在宇宙的某一角落，蕴含着一股气体。这气体突然间凝成了音乐，不久，又化为一道光，于是在以太中消失了。

这是抗战时分，是创作《满江红》的时代，是大家高唱《满洲囚徒进行曲》的时代，江文也却宣布说我们的音乐应该是“中和的礼乐之声”，庄严肃穆，“法悦境”。

江文也认为“法悦境”境界最高的呈现就是“礼”和“乐”的最完美的充盈。所谓“乐者，天地之和也；礼者，天地之序也。和，故百物皆化；序，故群物皆别”(《礼记·乐记》)。而对于江文也而言，“礼”和“乐”呈现在《孔庙大晟乐章》中最精致最完美的表现正是儒家礼乐精神的最后一种表征，而这个精神的表征，一言以蔽之，就是“仁”的体现。

我曾经做过“法悦境”的研究，我发现《孔庙大晟乐章》和“法悦境”背后有很多奇妙的问题。“法悦”本是佛教用语，来自《华严经》，指的是佛教听众在聆听佛祖教诲时顿悟和欢喜的情形。江文也在这里显然做了一个奇妙的嫁接，把佛家的观点嫁接到儒家的“仁”、“礼”和“乐”的观念上。同时，他也强调乐的最高表现是所有礼要导向的终点，而乐是自然而然的，是用最简洁的方式就可以充塞在我们生活周遭的非常自然的声音。听起来是非常好，但同时我们也能感觉到“法悦境”可能“欲洁何曾洁”。他想象的是一个完美空灵的声音，但是“法悦”在1939—1940年的中国代表什么意思呢？或是把我们的研究框架放得更大，“法悦”在当时广义的国际上对音乐和艺术的思考里面，又可能代表什么意思呢？我在这里只提出三点，这不是定论，仅供大家参考。

第一，当江文也把所有传统的，他过去创作的华丽、明晰、跳跃、强烈的曲风洗尽铅华后所得出的最精致的表达，在某个意义上其实是有意无意地呼吁了西方的前卫作曲家勋伯格(Arnold Schönberg)对音乐无调性的思考。勋伯格曾对当时音乐听力的退化表达了叹息的声音，也希望借着对音乐诠释不断追寻的过程，来重新找寻最纯净的也就是最简单的声音。我把江文也的现代性放在勋伯格这样的平台上，大家可以看出我个人在比较文学（音乐学）方面的心意。

其次，江文也对于“法悦”的追求，充满了对最精致的、最不可思议的传统文化的雅乐的想象和追寻。相对于“法悦境”的雅乐，江文也感慨世风日下。到了 20 世纪三四十年代的中国和日本，所有的音乐生产都变成了留声机一统天下的时代，都已经是文化工业和唱片老板的统治，在这个意义上，他对“法悦”的追寻似乎也让我们想起了他的同辈人本雅明（Walter Benjamin）对“光韵”的召唤。同样的，江文也正是因为现代性带来的历史断裂的创伤感才产生了无限的乡愁，对于眼前处境下种种机械化的复制生产有众多的批评但却无以为继，于是一方面希望创新，一方面又暧昧地去召唤传统的怀旧，似乎可以从怀旧里面，找到新的开拓未来的契机。在这里，过去和未来在秩序上有着不断调换的可能性，所以对“光韵”神秘的渴望，是本雅明曾经给我们的教训。我们又如何定义江文也以他最前卫的姿态来回顾过去所要重新召唤的“法悦”之境呢？这是他给我留下的另外一个话题。

第三，从历史层面来看，江文也所找到的“法悦境”事实上并不是他自己找出来的，这个“法悦”是有迹可循的。也就是说，这个儒家音乐最精髓的表现是转了一个圈经过加工后才回到中国的。这个“法悦”之悦是来自他的日本启蒙老师山田耕筰的想象，而山田耕筰的灵感又来自一个俄国作曲家史克里亚宾（Alexander Scriabin）悠密的、轻柔的、不可测的音乐。所以“法悦”的声音到底是来自最纯正的中国传统古乐的再一次回到现世，还是经过了全球化的周转之后，再到江文也的笔下或指挥棒下得到新的诠释？我们在这里可以看到江文也在现代文化资本快速转换下所占据的一个微妙的位置。

结束这部分的观察，我要给大家更多历史的信息。我们会发现，《孔庙大晟乐章》在创作过程以及演出过程里有很多政治的因缘。1939 年，江文也创作了《孔庙大晟乐章》，1940年，江文也30岁，《孔庙大晟乐章》在东京首演，这是意味深长的，而且通过当时的全国广播电台实况转播。当年夏天，东京交响乐团演奏录音的《孔庙大晟乐章》发行。同年，日本宣布建立"大东亚共荣圈"以及展开日本开国2600年的纪念活动。

刚才我们讲到江文也希望在中国的语境中创作出最具有民族曲风的音乐，但他音乐的后期演奏及后期的流传过程却让我们觉得这个问题并不那么简单，更何况在创造《孔庙大晟乐章》的同时，江文也为当时北平新民会这样一个汉奸组织创造了会歌，同时还为日本创造了《日本三部曲》、《东亚之歌》等乐曲，所以他当时的文化活动之复杂很难用一句话说明，到底应站在什么样的位置上定义他是中国的或者有强烈民族意识的音乐家，这就是另外一个问题了。

现在回到《孔庙大晟乐章》的专书，即《孔子的音乐论》开宗明义的第一句话："乐，永恒地与国家并存。"这句话在我们今天来看，充满了反讽的意味，因为江文也当时把乐和国家相互定位，想到的是孔子周游列国，企图通过"礼"和"乐"实现国家的重新建立。江文也在某种意义上附会自己似乎是在和孔子对话，希望通过音乐把国家的政治重新召唤出来。

在这样的历史情形下，我要提出以下的问题作为大家的参考：他的两难凸显了帝国主义政治和艺术创作之间的纠缠关系，摇摆在"大东亚共荣圈"可见与不可见的指令之间和个人主义视野的两极之间，他追求儒家礼乐之声的动机无论多么单纯，都提供了聆听的多重可能性。即，他的创作也许非常简单，但是我们今天聆听时却听出了多种可能性。他的音乐错置了古今中西的时代资源，也因此解构了单向的、进步的、现代性声音的迷思，同时代表现代主义对粗鄙的机械复制与商业潮流的批判。对于某些听众而言，他的音乐可能是国际都会主义者通过西方的媒介对中国音乐遗产所做的新的创造性诠释；但是对另外的一些听众来讲，这也许是被殖民者徘徊在想象的乡愁和异域的情调之间找寻逃避的姿态。更暧昧的是，江文也的音乐同时显示出帝国主义宣传机器的无孔不入，又显示一个特立独行者充满个人主义色彩的反抗，它既是一种共谋，又不乏超越这种共谋的可能。所以，在这里，我们看到了一个现代作曲家在乱世的艰难处境。

在战后的1945年，江文也在众多的可能里选择留在中国。不仅如此，他觉得还要将自己的一番心意向政府表达出来，所以在1946年，他把《孔庙大晟乐章》呈献给蒋介石，这是他对中国表示效忠的一个最重要的表征。但事与愿违，江文也却因此锒铛入狱。由此我们发现，作为一个现代主义者，在混乱的历史情况里所做的选择不再是纯粹的审美的选择，那是历史的选择，也是政治的选择，更重要的，也是伦理的选择。

接下来换到另外的话题。我的本业是文学研究，刚才讲了很多音乐方面的东西，各位也许觉得不能理解。我今天正是要借着音乐的话题，带出我目前关心的问题，即"史诗"和"抒情"。

江文也受的基本是日本式教育，来到中国后，对中国产生了深深的爱恋情怀。从30年代后期开始，他努力补习文化知识，这时候，他创作了大量以古典诗词作为歌词的音乐，而且开了至少三次演唱会来演唱诗歌，这是他在抗战时期的作为。不止如此，他还开始诗歌的创作，当然最初是用日文。我们在这里主要讨论他的第三部创作。之前他创作了《北京铭》、《云冈石佛颂》。1942年他曾经替日本一家电影公司到云冈看石佛，替中国一家纪录片公司做配乐，因此写了很多追怀古中国文明的诗歌。我今天要把重点放在他的第三部大型诗作《赋天坛》上。1942年，江文也开始尝试以中文

江文也在云冈石佛像前

创作诗歌。对他来讲，创作诗歌最大的灵感来自北京的天坛。在他看来天坛是中国建筑最完美的典型，有最精确的计算，最完美的施工，是用空间的方式来呈现音乐的最完美的象征。徘徊在天坛上下，江文也有感而发，创作了一组长诗——《赋天坛》。

江文也在天坛

我们都知道，天坛是始建于明代的用于祭祀的大型建筑，而天坛对于今天报告的意义，就在于其整个建筑所产生的回声效果。不论是皇穹宇的回音壁还是围绕天坛外边的凹形墙，其振动产生的回声可以让我们想象，明清之际，当皇家的大型仪式在这里进行的时候，金声玉振产生的共鸣效果似乎真的可以上达天听。所以对于江文也来讲，徘徊在天坛上下，就仿佛是走进了古中国立体的音乐空间，他正是在这个时候创作了《赋天坛》。

大气像金粉！
我漫步着如绒柔的草群
忽然
我也不知道的为什么
这里是没有一个人影
也没有经过心中的一个物形
啊！

"前不见古人
后不见来者"

在这里,江文也不断颂赞天坛的美景,深深陷入对古中国音乐所产生的庄严肃穆的中和之声的玄想中。这里谈一个问题,就是江文也在30年代的中国,在什么样的意义上替中国诗歌创作了这一块领域,提供了一个我们从未想到的抒情话语的切面。有一点是肯定的,在当时并没有人知道他在创作中文诗歌。这些诗歌是在1992年才被印出来的,但这并不妨碍我们从各种各样的资料里拼接出他对中国所谓抒情想象的新的寄托。

现在回到我们今天的报告主题。什么是我所谓的"抒情"和"史诗"呢?在这里,我把"抒情"不只是当作诗歌的印记,即不只是文类的特征,也把它当作是美学的观照,一种生活的风格,甚至是一种圣治的立场。我认为"抒情"不应该被化约到20世纪以来,尤其是"五四"知识分子承袭自法国大革命在德国、法国、英国流传着的以现代浪漫的姿态出现的那个抒情的定义。我觉得这个定义虽然在"五四"以后被我们沿用至今,但这个定义有它的界限和限制。我所想象的"抒情"是把这个领域再扩大,去重新探讨这个词是在中国尤其是古中国的文论、诗论里面的重量,而不只是《楚辞》或《诗经》的传统里各种各样"抒情"的资源。我把"抒情"和"史诗"相对照的动机来自于以下的辩论。

"抒情"和"史诗"这两个词相对照,在西方的理论上是来自捷克汉学家雅罗斯拉夫·普实克(Jaroslav Průšek)。普实克认为,中国现代文学发展的过程由两种力量在牵扯:抒情的与史诗的。所谓的"抒情"是个人主体性的发现和解放的欲望,所谓的"史诗"是指历史对群众主体的诉求,团结革命的意志。根据这样的二分法,普实克认为"抒情"和"史诗"并不只是一般的文类标签而已,而是可以延伸到一种话语的模式、情感的功能以及最重要的社会政治的想象。对他而言,这两种模式的辨正,形成了一代中国人定义实践、现代性的动力,现代的中国记录了个别主题的发现到集体主体的肯定,从抒情到史诗的过渡,这是一个很清楚的线性的发展过程,这是普实克的观点。他是布拉格学派的汉学家，同时在50年代也是有坚实信仰的马克思的追随者，所以他的理念里自然有很清楚的所谓直线的、时间的、革命的、前进的时间表。但我觉得，普实克最大的贡献在于我们在提到抒情的时候除了西方的华兹华斯、雪莱等，还能同时把中国传统里面从《楚辞》到《史记》，一直到《红楼梦》中的抒情资源一起关注在内。所以，到了20世纪初期，当普实克讲抒情主体的发现的时候，他并不是简单地说，我们现代的中国人把传统推翻了就发现了一个新的中国主体。恰恰相反，他认为我们现代的中国人，至少有一辈的知识分子，像鲁迅、郁达夫等善用了中国的抒情资源，并把其导向对现代情境的思考，从而塑造了一个所谓的抒情主体。

我今天想要说明的是，接着普实克的观点，我认为抒情与史诗不必为西方文类所限制，也不必落入进化论似的时间表，而可以看作是中西交错对话的起点。在这里，除了西方各种各样抒情的资源外，我们还需要考虑中国传统的“诗缘情”和“诗言志”对话的可能性，所衍生的各种激进的排列组合的方法。我想这一块在现代中国文学里还没有做过进一步的探讨，我特别要强调的是抒情与史诗不见得要成为互相排斥的概念，在集体呼啸和革命呐喊的间隙里面，款款柔情可以应声而出，我想到的最剧烈的例子包括瞿秋白的散文《多余的话》，甚至包括毛泽东的部分诗作，它们看起来是史诗的格局，却居然有不请自来的抒情的声音。而当一位作家对时代的号召充耳不闻的时候，坚持个人的抒情表达，也未尝不是一种政治的宣誓，我想到的剧烈的例子是沈从文。所以，抒情和史诗之间的相互贯穿有很多空隙值得我们去思考。

“五四”以来有很多文人在史诗和抒情之间来回折冲，找寻一个新的界面，除我们熟悉的鲁迅等人之外，像朱光潜、宗白华对六朝美学的重新观照，像卞之琳、何其芳对晚唐奢靡风格诗歌的实验，像周作人对晚明文人的欣赏，像梁宗岱对赋比兴之“兴”的深刻思考，像沈从文对《楚辞》世界的向往，还有胡兰成对《诗经》田园景象和儒家诗学的最另类的政治阐述。在这个情形之下，我们其实是有一个谱系可以追寻的。

我将进一步来说明我的想法，现代中国抒情的写作能够成其大的，无不是精心地操作语言，并用以呈现内心和世界图景的好手，内与外、抒情与史诗之间的交错。而当现实主义者把语言视为反映现实、批判历史的透明工具的时候，抒情作家以精致的文字形式接引象征体系，因此能够在亦步亦趋的模拟现实主义之外开出无限的可能，通过声音和语言的精心建构，抒情主义赋予历史的混乱以及混沌——一种想象的形式，我特别强调想象的形式——并从人间的偶然之中看出美学以及伦理的秩序，由是肯定了人文精神的基本要义。所以“抒情”这两个字不一定是小资的、个人伤春悲秋的、负面的想象。有一个时代，我们抒情的诗人曾经在史诗的话语环境里做出过非常个人的努力。

在这样一个大的理念的想象之间，我想到了三个在 20 世纪三四十年代让我们能够重新给予注意的关于抒情体验的实践者或操作者。第一个就是江文也，不论是他对孔子儒家诗教的诗的想象，或者后来他在《诗论》里对老庄道家诗学所谓“大音希声”和“天籁”的想法等，即他所代表的一个范畴。第二个是宗白华，在 40 年代发展的生命韵律所产生的气韵生动的现代感，这是他给我们的一些资源，他认为孔子欣赏的意义哲学就是音乐哲学。在 40 年代末期，宗白华有一系列关于诗歌、音乐及人生存在的境界的思考。第三个是沈从文，在 20 世纪三四十年代，他也曾追逐以文字表达生命神性的可能，神性表达的最高境界就是所谓“文字不如绘画，绘画不如数学，数学不如音乐”的结论，音乐来自由幻想而来的流动不拘的美。这就是当时三种不同的声音对混乱的战争时期，在混沌的时期里用音乐，或更精致的用音乐表现诗歌的形式所阐述的看法。

但毕竟当时是抗战时期的乱世，所谓的宗白华式的“生命节奏”、沈从文式的“神性”或者江文也式的“法悦”，他们能有多少的空间来实践他们所谓的抒情向往呢？在史诗的时代，抒情的声音要如何去安顿自己的位置呢？我想这样的挑战无疑来得太艰难，有时也太诡谲了。我们现在回想一下刚才我们所念到的名字里面，到了 40 年代，宗白华和沈从文到了西南，仍然继续他们的志业，何其芳那时已经“左转”，到延安发出了另外一种史诗式的呐喊，而周作人投降成了汉奸。所以，在各种各样的情境下，我们发觉“抒情”是一个危险的东西，是一个危险的文类，是一个危险的审美观念，也是一个危险的政治姿态。如何去辨正他们之间的可能性与不可能性呢？这是我们再次探讨中国的文学和声音现代性的可能性。

在一个礼崩乐坏的时代，在一个声音混乱交杂的时代，江文也仍然要去找寻他的儒家的“法悦”、“雅乐”之声，我们必须要见证他所面临的两难，实在是很难用后见之明做出清楚划分的。当江文也倡导圣哲的乐教的时候，他不仅使我们想起儒家思想是如何被日本侵略者用为宣传品，更让我们想起即使在中国历史上，儒家的思想不也是被历朝统治者用为支撑政权合法性的手段吗？在肃穆的钟鼓之声之后，纷纷扰扰的历史擦撞出无尽的杂音，在史诗时代去维持一个抒情声音的清明，是一种最艰难的考验。

我的报告将接近尾声，我希望用很短的时间和大家一起看一首很短的诗，即刚才看过一部分的《赋天坛》。

在《赋天坛》里，我们可以看出江文也在诗歌里所透出的对于历史、对于声音以及现代性的声音的种种选择上的两难。

这句古铭
忽然
我也不知道的为什么
往嘴里流出来的是像经
可是
起不了怆然而泪下底感情
这里的时间是绚灿地像一个结晶
这里的空间无疑地是真空似的极星
于是
大时代的挣扎在那里

大民族的苦恼是什么
黄河的流水啊!
黄帝的子孩啊!
唉! 依然
还是
“前不见古人
后不见来者”

我们可以看出,在两次引用陈子昂的诗句里,江文也的情绪已经有了很大的改变。前面是强调在一个历史的绝对抽空的状况下去想象“法悦”、“雅乐”最完美的境界。但是,当他的念头一转,忽然想到大时代、大民族、黄河、黄帝的时候,后面的诗句所揭出的感叹自然就有所不同。我想江文也不可能理解陈子昂《登幽州台歌》后面的历史的语境。我们知道,这首诗作于公元696年,幽州台是坐落于北京郊区的古迹,相传是燕昭王以千金招贤纳士的地方,但到了唐代,已经成了一片废墟。当时契丹入侵,陈子昂主动请缨,但是他的一片忠心没有被朝廷接纳,于是登上幽州台,展开了天地之间的浩叹。我不相信江文也的文学诗词造诣有那么好,但他在三四十年代吟诵《登幽州台歌》时,显然不由自主地引起了历史上最反讽的姿态和身份的错置。他到底是中国人还是日本人?在中国遭到外强侵略的环境里,他对过去辉煌的中国文化如此不能自已,但他能在多大程度上理解到他的身份比千百年前的陈子昂更为暧昧,更难以自处?我们可以看出,江文也在很多层次上都不由自主地对声音、对中国的传统、传统音乐和诗歌一再联想和感叹。

我刚才从三个不同的角度来谈论江文也在创作最盛期的20世纪三四十年代的一些重要表现。我的故事也要到尾声了。1949年后江文也到底怎么样了?江文也创作了新民会会歌,有两个太太,在日本占领期间不断与“大东亚共荣圈”的文化机器有所互动。1949年后也许应该立刻跑到日本去,像胡兰成那样;或者在1946年被国民党政权关了十个月后,也应该万念俱灰，再也不牵涉到政治了。但江文也在1949年选择留在了中国。对他来讲，这是他生命的最后的底线，无论如何，他必须留在中国。以后的故事，就不是一个快乐的故事了。他是一个有台湾背景的音乐家，在50年代曾在中央音乐学院执教七年，1957年被打成右派。这丝毫不会令人意外，他的罪名就是老把台湾挂在嘴上。最严重的是，他1957年后被抄了几次家，一千多份手稿下落不明。那种伤痛的感觉大家可想而知。文化大革命爆发后，江文也和其他的知识分子、艺术家一样，经历了一次又一次的批判，从公开的羞辱到监禁、自我认罪、下放，无一幸免。1971年，他经过四年的劳动改造，回到北京时，已经垂垂老矣，百病缠身，他的钢琴已经没有了。很多关于江文也的故事都讲到，他在家中唯一的一张桌子上，用手指摸拟弹钢琴，心里想象着如何作曲。一直到1978年，被打成右派二十一年后才恢复名誉，再度开始作曲。这次作曲回应了四十三年前第一次作曲时的灵感，灵感来自台湾，这首乐曲的名字叫《阿里山之声》。但没过多久，他因为中风全身瘫痪，此后的五年一直缠绵病榻。1983年10月24日，江文也去世，死的时候默默无闻。江文也怎么被再发现，那是另一个传奇故事，今天我就不再多说了。

下面我念一下今天报告的结论。江文也的一生都在寻找一种声音，理想上这个声音既能够融合阿里山上的原始旋律和孔庙祭典的庄严雅乐，也能融合台湾的乡土幻想和国际都会的前卫风格。江文也以音乐的形式追寻心中文化的愿景，表现出强烈的古典意义上的抒情的倾向，他最大的抱负就是重新创造一种儒家音乐的抒情性，从而调和、澄明他自己激进创作的现代想象。然而在一个史诗的时代里创作抒情的音乐，江文也的挑战不仅是在乱世中必须自得其乐，也必须让他的音乐跟上时代的节拍。在他事业最高峰的时候，他出入战争的鬼哭神嚎，却竟然谱出几乎不带人间烟火和炮火的曲调，而在事业最低潮的时候，他被勒令哑口噤声，这是对一个音乐人，对一个文学创作人最严酷的惩罚。抒情与史诗之间的对话最后也意味着岛屿与大陆之间的对话。1934年，江文也第一次创作的时候，凭的是他对台湾的礼赞，写出了《白鹭的幻想》而一举成名。四十五年之后，他的事业在《阿里山之声》的创作之中戛然而止。当中国的梦土和儒家的礼乐渐行渐远，往日美丽岛上的声音、殖民地的创伤、山川田园或是原住民的各种浪漫传奇又重新回到他的耳边。但是江文也的台湾之梦，不正是和他的中国之梦一样，也充满了想象的乡愁和异国的情调吗？如此我们概括了江文也一生的悲喜剧。我要说，透过声音，一个殖民地之子在异乡里呼唤原乡，透过音乐和诗歌，一位现代主义者在史诗的洪流中打造了他自己的抒情之道。

提问与回答

汪涌豪：

刚才王先生用很精致而抒情的语言讲了一个有趣而复杂的故事，比如说声音的现代性、抒情性和史诗性的交错，还有战乱时代，一个现代作曲家对古典的向往怎么样成为可能，都非常有趣，有些是我们从来没有听说过的。我的感受是，王先生本身就是一个非常唯美的人。大家肯定还有一些问题需要向王先生提出，我们还有一段时间供大家互动。

王德威：

我想在提问之前，先做两件事情。我承诺过要放两段音乐的，然后再看几张照片。第一段音乐是江文也 1936 年获得奥林匹克音乐大奖赛的《台湾舞曲》，我们只放前面的一小段，从中可以听出他是如何受巴托克民族乐风影响的。

（乐曲响起）。

下面我们听第二首《孔庙大晟乐章》，这是一段非常肃穆庄严的音乐。

（乐曲再次响起）。

音乐暂告结束。下面看一看关于江文也的照片。如果大家对电影比较关注的话,会记得台湾导演侯孝贤 1999 年的一部电影《咖啡时光》。这部电影就是以江文也的故事为背景的,电影的配乐就是江文也作曲的。当时江文也的日本妻子还健在,已经九十多岁了,在电影里也出现过。大家如果有兴趣,可以找来看看。

汪涌豪:

下面我们抓紧时间,有问题请教王先生的,请提出来。当然,对于这个话题,我们能说的可能不是太多,所以有其他问题也可以问,这是一个难得的机会。

学生:

王先生您好。我觉得您对江文也的声音的寻找,对他作为台湾人,有一个复杂的文化身份和政治身份的分析,对我们用简单的民族身份或文化身份来分析问题的看法是一种棒喝,这使我深受启迪。您谈论的对象有台湾或香港这种非常特殊的文化背景,这种情况在我们大陆也有。我想问,我们今天在这样一种国际化的时代里,真的能回到自己的文化传统里去吗?您是不是也能为我们提供一种"想象的乡愁"?尤其是我们已经跟我们的传统断代了。作为在西方的中国学者,您觉得我们的文化出路在哪里?我们的声音在哪里?是该承认文化都是互相影响的,然后接受各种各样的文化,还是像江文也那样,努力地寻找自己的"想象的乡愁"呢?

王德威:

我想我在这里很难做一个"文化导师"来回答你。不过,这是一个好的问题。其实在做这个题目的过程中,我也在不断地自我探寻,我是不是也在某个意义上像江文也一样,寻找自己的文化或身份的认同呢。我想在座的大家无论来自哪里,都在不断地磨合和找寻自己的定位。所谓最完整的、最精粹的中国文化的始源的象征，是“想象的乡愁”的最大的吸引，也是最大的盲点。所以我刻意用“想象的”来突出文化的诠释本身必须不断地在历史的流变里重新定位和定义。江文也的尝试也许是失败的，但是并不一定就说明我们不应该去找寻这种文化。只是说我们作为一个批评者或评判者，对于找寻文化诠释学或声音诠释学最最原始的声音，必须要付诸不断的自我辨正。这绝对是一个让你魂牵梦萦的想象，也是一个需要不断自我解构——套用一个时髦的词——的话题。这是在今天的报告里，江文也在每个阶段里的动荡所给我们的教训。

学生：

您刚才对江文也的解读给了我很大的触动。您现在是在西方的文化背景里来考察江文也的，我们作为大陆的学生，强烈地感觉到我们今天已经完全被西方语境“西方化”了。在这样的情况下，您所说的“想象的乡愁”，可能存在想象与实际之间的差异。从您自己的经验来说，您是怎么看待这个问题的？

王德威：

我自己的经验，我想是一个错误的大集合吧。您的这个问题，我在前天的一个报告中已经谈到了。今天我用“想象的乡愁”也正是为了呼应这种感想。在乡愁的召唤下，无论是物质性的、精神性的还是符号性的象征，成为凝聚想象的共同体。我今天所要强调的恰恰是“想象的”乡愁，“想象的”这个词必须付诸不断经受批判的或者辩证的可能性的检视，没有单纯的乡愁。我在刚才的报告里一再强调，江文也是一个俄国人在日本发掘的音乐天才。这位台湾的华裔的身份复杂的音乐家必须经过很多的周折，才能把中国的梦土建立起来。中间的媒介——刚才的报告里我用了转嫁性这个词——反而是我们更应该关怀的。这也是对我们刚才这位来宾的提问的回应。今天在座的各位多半是从事学术研究的同好，我们在这里对

"想象的乡愁"这个问题的责任不是化繁为简，恰恰相反，我们的责任是化简为繁，越是在没有问题的地方，我们越要看出很多问题，从而对乡愁的论证本身进行追寻或者辩述，有一个不断延伸的可能性，这就是说，我们拒绝很清楚地相信有"一以贯之"的无论是叫"道"还是叫"乡愁"的东西。这是我的第一个回应。在座各位也许都有同样的感觉，即在今天全球化的快速的文化资源运转之下，我们怎么重新找寻中国性？显然，我们不可能回到最正统的过去，也从来没有这样一个所谓真正正统的中国的过去。我们所有的是一个已经被媒介过的中国，我们必须有一个既置身事内又置身事外的立场，在这样的立场之下去定义，那是一条非常漫长的道路。我们必须用一种批判的同时也是非常谦虚的姿态，去找出一个论式的可能性。今天的报告无非就是一个尝试。

学生：

王先生，您好。我有三个非常幼稚的问题。第一是，我们今天在大陆这种背景下该如何聆听张惠妹的歌声？您刚才的谈话说，在过去的历史时代里，时代或者家国的命运成为"史诗"的来源，在今天全球化的背景下，该如何理解这个问题？第二个问题是，在您的论述中，您强调史诗时代和抒情时代两者是可以并置的，这个问题是不是可以放在个体面临集体的语境里呢，也就是个性与归类性的问题。我的第三个问题其实您在刚才已经部分回答了，但我还想再次提起，您选择江文也为对象，并用今天这样的解读方式，这对您的心灵有着怎样的契合？您在国际上来往得很频繁，您是民族主义者，还是国际主义者？如果您是个民族主义者，您是否具有相同的民族性？

王德威：

第三个问题很难，当然它很契合我们今天的报告。在座的各位也许都会问我是一个民族主义者还是一个国际主义者。我必须先把第三个问题回答了，再倒回去回答别的问题。我在这里可以说，我们这里没有一个纯粹的民族主义者，也没有一个人是纯粹的国际主义者。民族主义在这里当然有很多的定义，但我知道你的心意。在江文也的范畴里面，我的确投射了一些个人的感想。我想大家都知道我的背景。我从台湾来，但我的家人是在 1949 年前才从东北到台湾去的。我在很多意义上碰到像江文也这样的案例，当然会有很多的感触，会做一些抒情式的表白。不过也许在更大的环节上讲，我确实更有幸多接触了西方的或是国外的各种各样的文化资源，我也的确是在有限的情况下，游走两岸三地或四地。这个时候，我们要特别问，这样的国际公民或国际主义者是不是可能会沦为自我异国情调化或自我抒情化的一种身份呢？也就是说，我在很多的时候，可以用一个江文也式的感叹来游子怀乡一番，但我觉得我到了台湾桃园机场，我的回乡感觉一样的亲切，不过我在东北见到失散多年的家人时，就有另外一种不同的感觉。所以在这种情形下，民族主义该怎么定义？把它严格定义成 19 世纪以来，20 世纪初期从西方进来的，尤其是以土地、以国族甚至某种主权宣誓的范畴吗？我个人认为，我希望走出这样一个界限。

国际主义者是一个非常美妙的词，我想在座的很多人都希望自己变成一个游走天下的人，但是作为一个像江文也这样所谓的国际主义者，在所获得的与所付出的代价之间，很多时候是必须做出自我深思与反省的。尤其是江文也在 1935 到 1936 年间已经逐渐开始觉得，不管他自己怎么做，都不能融入到那个有强烈民族主义色彩的日本社会，所以他的音乐创作在很多时候必须自外于日本音乐社团，他必须要标志他有所不同，要刻意凸显他的台湾人身份。我认为这也是一种表演，他不断地在取与舍的文化资源的对换之间游走。在表演性跟自己根深蒂固的所谓乡愁的感觉，或是诠释学说中最后的归属感里面，有太多的吊诡。我今天也许没有办法用很清楚的话讲出来，但是不论是自我抒情化，还是异国情调化和自我乡愁化，这是我们在讨论抒情性时首先碰到的难题。并不是一讲到抒情，就来一段以小资为主体的歇斯底里的想象。但是我在今天一再的强调，我们的抒情资源不止是来自于法国大革命之后从西方引进的以浪漫主义为主潮的这样一种抒情的想象，而是也能想象到，不论是屈原的《楚辞》“发愤以抒情”的传统，还是中国六朝以后不同的文人面对历史裂变时的种种表现。我觉得抒情在有限的格局里面，仍然是一种非常重要的界定自我的文化媒介。不论是抒情的诗歌、抒情的绘画、抒情的书法，或者是像《世说新语》里面一种抒情的生活形式，这种方式的表现我们可以心向往之，但恰恰是在历史混乱的格局里，太多偶然的际遇让人觉得生存本身的情景其实是很渺小的。我今天来这里不是要号召大家都变成抒情诗人，我只是希望就这次机会来提出更多的问题。

至于张惠妹，我不知道她现在还有多红，自从她为陈水扁唱了那首歌后，她就一蹶不振，我想这是在海峡两岸都看到的问题。她的原住民的身份恰好回到了我刚才的话题上。这个原住民身份什么时候给了她创作及自我表达的资源，也在什么样的契机里成为她获得利益的重要媒介，这里面有很多交换的问题了。那是一个经济学的课题。在这种情况下，张惠妹受不受欢迎可能已经不再是一个简单的喜不喜欢她的问题了。这就超越了抒情的传统的狭义定义了。我不知道这样的回答是否能勉强答复你的三个问题。

学生：

王先生，我有一个问题是关于您的《被压抑的现代性》的，在您分析晚清小说与 20 世纪末中国的当代小说时，您说 20 世纪末的当代小说有一些晚清小说的特点的重现，您认为晚清小说是作为被压抑的现代性存在的，那么您认为 20 世纪末中国的当代小说是作为现代性的还是后现代性的存在呢？另外还有一个问题，就是柄谷行人在《日本现代文学的起源》里面提到，当代日本文学可以说是对被日本现代文学所压抑的一种传统的复原。如果拿中日两国文学做比较的话，晚清是作为中国文学的传统呢，还是作为像您说的现代性的发展本身呢？

王德威：

非常感谢。这本书是1997年出版的，当时的动机是有感于美国的汉学界甚至中国的文学研究界对于晚清那块向来给予的重视不够。但是很有趣的是，研究一般的思想史或是研究政治史、文化史的学者在这方面有很多贡献，不论是在中文的语境里还是非中文的语境里都是如此。围绕文学来说，它深受“五四”的影响，好像中国对西方的冲击做出回应，一下子就现代起来了。我觉得这个观念有重新被思考的必要。至于“被压抑的现代性”这个词已经受到很多的批判和对话。压抑的理由可能有很多，可能是弗洛伊德式的被压抑，也可能是马克思的被压抑。但我坦白地讲，在90年代我非常“后现代”非常“解构”的时候，我所提出来的“被压抑的现代性”是用一个假设的方法，我假设文学的现代性不可能是从A到B到C这样一个简单的线性发展过程。“五四”开始的那一天其实有很多的可能性，这些可能性也许就在那里，经过一些生逢其时的运作，这些可能性就出现了，但也许有很多好的可能性就没有了，好的文化或文学的发明不见得就一定会持续地受重视，历史从来没有这样一个清楚的线性的逻辑可能性。我的书的做法是我希望倒果为因，就是我们从今天有限的文学成就，回想在“五四”之前的六十年里，曾经有多少种文学创作可能激发出很多很多的假设及不同的发展方向。至于压抑或不被压抑，这是一个假设性的修辞问题，“压抑”这个词在这里必须要从宽解释，这是第一点。

第二点，晚清和20世纪末作对比的确是我在书的最后一章提出的问题，但我想我在那一章已经很清楚地说明历史也许会重复，但强调历史重复得严丝合缝是后见之明者的作文所给予的命题，历史从来不会那么清楚地重复。所以用晚清的观点来看20世纪末的问题，这又是一个修辞的点，无非是一个触类旁通，用那么一个点来促进我们重新思考我们现在这个时代所面临的各种各样的现象，我们的时代也的确有很多被压抑的现代性的问题。至于现代与后现代，这是一个太大的话题，我在这里就暂时不回答了。至于你提到的中日文学对比的问题，我们对传统的呼应就是拟仿、瓦解、颠覆、解构，这是我们常用的词。但我现在反而觉得不见得就是拟仿、解构就能办到的，有很多传统其实就在默默地进行，有些时候也许就那样默默地销声匿迹，大概没有那么强的戏剧化，像柄谷行人想象的奇观式的过程。我举一个在前天的报告中也提到的例子，比如20世纪古典诗的问题。我们现在做20世纪现当代文学研究的人很少想到鲁迅或者郭沫若的古典诗，或者沈从文、茅盾、周作人等人写的古典诗。对于这类问题，我们今天到了世纪末或世纪初的交口，再去重新看，就很难用拟仿或是颠覆这样的词把它说清楚。所以我们毋宁想象这是一个大的千丝万缕的网络，我们所做的是从各种不同的资源找到一个命题的出发点。至于是否要将其颠覆，我想我们已经过了革命启蒙的时代，不是什么事情都可以颠覆的。我们也许应该把心态放得稍微宽一点，那样我们研究文学的格局就会更大一点。

汪涌豪：

因为时间关系，我们不再提问了。王先生近两个小时的演讲和答问弥补了我们的知识缺损。我们再次感谢他。